In gleicher Ausstattung erschienen:

Abends, wenn es dunkel wird

Die schönsten Geschichten vor dem Schlafengehen
von Ursula Wölfel, Theodor Storm, Paul Maar, Fredrik Vahle
und vielen anderen zum Lesen und Vorlesen
Mit Bildern von Sven Leberer
ISBN 978-3-480-21884-4

Gespenster, Geister, Gänsehaut

Die schönsten Geschichten zum Gruseln
von Cornelia Funke, Roald Dahl, Mirjam Pressler, Josef Guggenmos
und vielen anderen zum Lesen und Vorlesen
Mit Bildern von Sven Leberer
ISBN 978-3-480-21984-1

Umschlagillustration:
Michaela Heitmann

Grafische Gestaltung:
Ulrike Sauerhöfer

2. Auflage 2007

Anschrift: Postfach 10 03 25, 73703 Esslingen
www.esslinger-verlag.de

ISBN 978-3-480-22221-6

Esslingers Erzählungen

Noch 24 Überraschungen bis Weihnachten

* * * * * *

Advents- und Weihnachtsgeschichten, Lieder, Gedichte und Bastelideen von Paul Maar, Janosch, Sybil Gräfin Schönfeldt, Josef Guggenmos und vielen anderen zum Lesen und Vorlesen.

Ausgewählt
von Ulrike Sauerhöfer
mit Bildern
von Michaela Heitmann,
Sven Leberer
und Marina Rachner

esslinger

Inhalt

1

Die Geschichte vom Weihnachtsbraten

Margret Rettich

Einmal fand ein Mann am Strand eine Gans.
Tags zuvor hatte der Novembersturm getobt. Sicher war sie zu weit hinausgeschwommen, dann abgetrieben und von den Wellen wieder an Land geworfen worden.
In der Nähe hatte niemand Gänse. Es war eine richtige weiße Hausgans.
Der Mann steckte sie unter seine Jacke und brachte sie seiner Frau: „Hier ist unser Weihnachtsbraten."
Beide hatten noch niemals ein Tier gehabt, darum hatten sie auch keinen Stall. Der Mann baute aus Pfosten, Brettern und Dachpappe einen Verschlag an der Hauswand. Die Frau legte Säcke hinein und darüber einen alten Pullover. In die Ecke stellte sie einen Topf mit Wasser.
„Weißt du, was Gänse fressen?", fragte sie.
„Keine Ahnung", sagte der Mann.
Sie probierten es mit Kartoffeln und mit Brot, aber die Gans rührte nichts an. Sie mochte auch keinen Reis und nicht den Rest vom Sonntagsnapfkuchen.
„Sie hat Heimweh nach anderen Gänsen", sagte die Frau.
Die Gans wehrte sich nicht, als sie in die Küche getragen wurde. Sie saß still unter dem Tisch. Der Mann und die Frau hockten vor ihr, um sie aufzumuntern.
„Wir sind eben keine Gänse", sagte der Mann. Er setzte sich auf seinen Stuhl und suchte im Radio nach Blasmusik.
Die Frau saß neben ihm am Tisch und klapperte mit den Stricknadeln. Es war sehr gemütlich. Plötzlich fraß die Gans Haferflocken und ein wenig vom Napfkuchen.
„Er lebt sich ein, der liebe Weihnachtsbraten", sagte der Mann.
Bereits am anderen Morgen watschelte die Gans überall herum. Sie streckte den Hals durch offene Türen, knabberte an der Gardine und machte einen Klecks auf den Fußabstreifer.
Es war ein einfaches Haus, in dem der Mann und die Frau wohnten. Es gab keine Wasserleitung, sondern nur eine Pumpe. Als der Mann einen Eimer voll Wasser pumpte, wie er es jeden Morgen tat, ehe er zur Arbeit ging, kam die Gans, kletterte in den Eimer und badete. Das Wasser schwappte über und der Mann musste noch einmal pumpen.
Im Garten stand ein kleines Holzhäuschen, das war die Toilette. Als die Frau dorthin ging, lief die Gans hinterher und drängte sich mit hinein. Später ging sie mit der Frau zusammen zum Bäcker und in den Milchladen.
Als der Mann am Nachmittag auf seinem Rad von der Arbeit kam, standen die Frau und die Gans an der Gartenpforte.
„Jetzt mag sie auch Kartoffeln", erzählte die Frau.
„Brav", sagte der Mann und streichelte der Gans über den Kopf, „dann wird sie bis Weihnachten rund und fett."
Der Verschlag wurde nie benutzt, denn die Gans

blieb jede Nacht in der warmen Küche. Sie fraß und fraß. Manchmal setzte die Frau sie auf die Waage und jedes Mal war sie schwerer.
Wenn der Mann und die Frau am Abend mit der Gans zusammensaßen, malten sich beide die herrlichsten Weihnachtsessen aus.
„Gänsebraten und Rotkohl, das passt gut", meinte die Frau und kraulte die Gans auf ihrem Schoß.
Der Mann hätte zwar statt Rotkohl lieber Sauerkraut gehabt, aber die Hauptsache waren für ihn die Klöße.
„Sie müssen so groß sein wie mein Kopf und alle genau gleich", sagte er.
„Und aus rohen Kartoffeln", ergänzte die Frau.
„Nein, aus gekochten", behauptete der Mann. Dann einigten sie sich auf Klöße halb aus rohen und halb aus gekochten Kartoffeln. Wenn sie ins Bett gingen, lag die Gans am Fußende und wärmte sie.
Mit einem Mal war Weihnachten da.
Die Frau schmückte einen kleinen Baum.
Der Mann radelte zum Kaufmann und holte alles, was sie für den großen Festschmaus brauchten. Außerdem brachte er ein Kilo extrafeine Haferflocken.
„Wenn es auch ihre letzten sind", seufzte er, „soll sie doch wissen, dass Weihnachten ist."
„Was ich sagen wollte", meinte die Frau, „wie denkst du, sollten wir ... ich meine ... wir müssten nun ..."
Aber weiter kam sie nicht.
Der Mann sagte eine Weile nichts. Und dann: „Ich kann es nicht."
„Ich auch nicht", sagte die Frau. „Ja, wenn es eine x-Beliebige wäre. Aber nicht diese hier. Nein, ich kann es auf gar keinen Fall."
Der Mann packte die Gans und klemmte sie in den Gepäckträger. Dann fuhr er auf dem Rad zum Nachbarn. Die Frau kochte inzwischen den Rotkohl und machte die Klöße, einen genauso groß wie den anderen.
Der Nachbar wohnte zwar ziemlich weit weg, aber doch nicht so weit, dass es eine Tagesreise hätte werden müssen. Trotzdem kam der Mann erst am Abend wieder. Die Gans saß friedlich hinter ihm.
„Ich habe den Nachbarn nicht angetroffen, da sind wir etwas herumgeradelt", sagte er verlegen.
„Macht gar nichts", rief die Frau munter, „als du fort warst, habe ich mir überlegt, dass es den feinen Geschmack des Rotkohls und der Klöße nur stört, wenn man noch etwas anderes dazu auftischt."
Die Frau hatte Recht und sie hatten ein gutes Essen. Die Gans verspeiste zu ihren Füßen die extrafeinen Haferflocken. Später saßen sie alle drei nebeneinander auf dem Sofa in der guten Stube und sahen in das Kerzenlicht.
Übrigens kochte die Frau im nächsten Jahr zu den Klößen zur Abwechslung Sauerkraut. Im Jahr darauf gab es zum Sauerkraut breite Bandnudeln. Das sind so gute Sachen, dass man nichts anderes dazu essen sollte.
Inzwischen ist viel Zeit vergangen.
Gänse werden sehr alt.

8
2

Lasst uns froh und munter sein

1. Lasst uns froh und munter sein
   und uns recht von Herzen freu'n.
   Lustig, lustig, traleralala,
   bald ist Niklausabend da,
   bald ist Niklausabend da.

2. Dann stell ich den Teller auf,
   Niklaus legt gewiss was drauf.
   Lustig, lustig, traleralala,
   bald ist Niklausabend da,
   bald ist Niklausabend da.

3. Wenn ich schlaf, dann träume ich:
   Jetzt bringt Niklaus was für mich.
   Lustig, lustig, traleralala,
   bald ist Niklausabend da,
   bald ist Niklausabend da.

4. Wenn ich aufgestanden bin,
lauf ich schnell zum Teller hin.
Lustig, lustig, traleralala,
bald ist Niklausabend da,
bald ist Niklausabend da.

5. Niklaus ist ein guter Mann,
dem man nicht genug danken kann.
Lustig, lustig, traleralala,
bald ist Niklausabend da,
bald ist Niklausabend da.

Der erste Schnee

Aber dann, wenn's noch so stürmt,
wird ein Schneemann aufgetürmt,
dick und rund und rund und dick,
steht er da im Augenblick.
Auf dem Kopf als Hut 'nen Tiegel
und am Arm den langen Prügel
und die Füße tief im Schnee:
und wir ringsherum, juhe!

Friedrich Wilhelm Güll

3

Der Bäckerengel

Sybil Gräfin Schönfeldt

Im Sommer hatte er viel freie Zeit. Tagelang schwebte er im Blauen und starrte nach unten. Ihm gefiel die Erde, die er nicht kannte, weil er ein Engel war.

An einem Wintertag passte er nicht auf. Der Sturm fegte ihn von einer Wolke, und ehe er seine goldenen Flügel ausbreiten konnte, waren sie ihm abgerissen. Er stürzte durch Regen und Schneetreiben ab, in ein Tannendickicht, und dort blieb er betäubt liegen.

Als er erwachte, fror er in seinem Engelshemd. Er spürte kalte, harte Steine unter seinen Sohlen, splittriges Eis zerschnitt die zarte Haut, er setzte vorsichtig einen Fuß vor den anderen, musste um sein Gleichgewicht kämpfen, stürzte immer wieder auf die grobe Erde, empfand zum ersten Mal Schmerzen, konnte aber nicht weinen, weil er noch keine Tränen hatte.

Er schob sich aus dem Tannendickicht und sein dünnes Hemd zerriss. Er schaute nach oben, aber die Schneeflocken wirbelten so dicht, dass er keinen Himmel sah. Er hob die Arme. Er stieß sich mit den Füßen ab, reckte sich in die Höhe, aber nichts geschah, kein leichtes, rauschendes Gefühl des Schwebens.

So ging er den Waldweg weiter, zwischen verschneiten Stoppelfeldern hindurch, bis er die Dächer eines Dorfes sah.

Er spürte die Wärme zwischen den Mauern und lief schneller über den weichen glatten Schnee.

Hinter der ersten Scheune bauten Kinder einen Schneemann. Als sie den Engel in seinem zerfetzten Hemd sahen, starrten sie ihn zuerst schweigend an, dann lachten sie und verspotteten ihn. Er verstand aber nicht, was sie schrien. Sie warfen mit Schneebällen nach ihm und er floh. Die Kinder rannten hinter ihm her und schrien noch lauter.

Er lief um die Scheune herum, wieder aus dem Dorf hinaus, doch vor dem letzten Haus strauchelte er und die Kinder holten ihn ein und stießen ihn zu Boden.

Da ging die Tür auf und eine Frau trat heraus um nachzuschauen, was das für ein Lärm wäre.

Als sie den Engel im Schnee sah, scheuchte sie die Kinder davon und hob den Engel auf.

Ihr war im Sommer ein Sohn gestorben, der nicht viel größer gewesen war, und sie gab dem Engel seine Kleider, zeigte ihm seine Kammer und sein Bett und kochte ihm Suppe.

Ihrem Mann gefiel das fremde Kind auch und so blieb der Engel bei ihnen. Er lernte Wort für Wort ihre Sprache und dann befreundete er sich auch mit anderen Kindern. Er sagte jedoch nie, woher er gekommen war.

So verging der Winter und der Engel sah den Schnee schmelzen, hörte den Regen auf die Stollen prasseln, ging hinter dem Mann aufs Feld und führte das Pferd beim Säen und beim Eggen. Er half der Frau im Garten umgraben und Zwiebeln setzen, sah die Blumen aus der Erde wachsen, zupfte Unkraut, und wenn mittags zur Vesperzeit die Glocke läutete, wenn er sich sonntags zwischen den Mann und die Frau auf die Kirchenbank setzte, erfüllte ihn eine unbestimmte Erwartung.

Aber nichts geschah.

Er hörte die Sommergewitter grollen, sprang mit den anderen Kindern über das Johannisfeuer, schüttelte mit ihnen Pflaumen und pflückte im Wald Beeren und Haselnüsse.

Wenn er zu der Stelle im Tannendickicht kam, blieb er stehen und schaute empor. Er sah blauen Himmel, er sah Regenwolken, er sah einmal eine blasse Mondscheibe, und wenn er ein Mensch gewesen wäre, hätte er vor Sehnsucht geweint.

Dann wurden die Tage kürzer, morgens hing ein

Dunst über den Wiesen und der Mann und der Engel pflückten die letzten Birnen und Äpfel. Die dicksten legte die Frau in die Ofenröhre, und wenn sie das heiße, weiche, süße Fleisch gegessen hatten, zog die Frau den Engel auf den Schoß und erzählte mit leiser Stimme: Es war einmal ...

Der Engel lauschte den Geschichten, aber er fragte niemals: Was ist ein Riese? Was ist ein Zwerg? Was ein Löweneckerchen? Er saß gern auf dem Schoß der Frau, schaute gern in die rote Glut und hörte gern die leise, sanfte Stimme.

Als es kälter wurde, als alles Laub von den Bäumen gefallen war, begann er zu backen, wie er es zu dieser Jahreszeit gewohnt war. Die Frau erlaubte es ihm, weil sie ihm die Freude lassen wollte. Sie schaute seinen kleinen Händen zu, die vor Eile und Eifer silbern glänzten und sonderbar leicht mit dem Teig verfuhren. Sie half ihm, die ersten Lebkuchen auf ein Blech zu legen, und als sie gebacken waren, kostete sie ohne große Erwartung davon. Doch das Gebäck zerschmolz ihr im Munde und es schmeckte besser als alles, was sie je in ihrem Leben gegessen hatte. So backte der Engel bald voller Vergnügen für die ganze Nachbarschaft und für alle seine Freunde.

In einer Winternacht pochte es an die Tür, und als die Frau öffnete, trat ein weißbärtiger Mann ein. Er sagte, er habe den Weg verloren, und die Frau hielt ihn für einen Reisenden und bot ihm den Platz am Ofen an.

Der Engel jedoch, der durch den Spalt der Küchentür lugte, erkannte, wer es war: Knecht Ruprecht.

Der Knecht trank heißen Pfefferminztee und biss ein Stück vom Engelsgebäck. Erstaunt blickte er auf und fragte: „Woher hast du den Kuchen?"

„Mein Junge hat ihn gemacht", erwiderte die Frau und zog den Engel in die Küche. Er blieb stumm vor dem Knecht stehen und wagte nicht aufzublicken.

Der Knecht beugte sich vor, schaute ihm ins Gesicht und sagte dann: „Du bist der Bäckerengel, den ich suchen soll."

„Ja", antwortete der Engel, „nimmst du mich wieder mit?"

Der Knecht nickte, doch da warf sich der Engel der Frau an den Hals und brach in Tränen aus. „Ich war so gern bei dir", schluchzte er.

Sie verstand nicht, was geschehen war, und der Knecht berichtete, wen sie ein Jahr lang als einen Sohn beherbergt hatte.

Da küsste sie den Engel und sagte: „Freu dich, mein Kind, dass du heimkehren kannst. Ich bleibe ja nicht allein zurück und wir behalten dich lieb und werden unser Lebtag an dich denken."

Er schaute den Mann an, und als er auch nickte, bedankte sich der Engel bei den beiden, ergriff Knecht Ruprechts Hand und trat mit ihm aus dem Hause.

Als sie ein paar Schritte gegangen waren, brach ein Licht wie ein Weg aus der Nacht und sie betraten diese Straße und gingen zurück in den Himmel.

4

Als die Großmutter mit dem Nikolaus sprach

Tilde Michels

Die Großmutter war klein und zart, und sie kam mir uralt vor. Das lag nicht an ihren Runzeln oder ihrem Haar mit den weißen Strähnen. Es waren die Kleider, die sie trug: immer dunkel und ganz altmodisch geschnitten. Sie hatte auch stets eine schwarze Schürze umgebunden, sogar sonntags. Die Schürze vom Sonntag war aus Seide, und sie knisterte.

Jedes Jahr Anfang Dezember kam die Großmutter angereist. Sie blieb den Winter über bei uns in der Stadt. Wenn Großmutter kam, begann für mich die Weihnachtszeit. An den dämmrigen Winternachmittagen hockten wir zusammen im Wohnzimmer vor dem Kachelofen. Der Kachelofen war groß und grün und gemütlich warm. In den anderen Zimmern standen nur eiserne Öfen, die wurden nicht immer geheizt.

Der Kachelofen hatte ein Türchen, hinter dem sich eine Nische mit einer kleinen Eisenplatte befand. Auf dieser Platte konnten wir Äpfel braten. Während sie schmorten und ihr Duft durchs Zimmer zog, las mir die Großmutter vor. Wir bastelten auch Weihnachtsgeschenke zusammen.

Unser Lieblingsspiel aber war: „Wir reisen nach Bethlehem“. Das spielten wir jedes Jahr. Es ging über viele Tage, vielleicht sogar Wochen, und hat die ganze Wohnung auf den Kopf gestellt.

Wenn wir die Ausrüstung für die Reise zusammensuchten, war nichts vor uns sicher. Wir brauchten Betttücher für unsere Zelte – denn wo sollten wir auf der langen Reise ins Heilige Land sonst schlafen? Wir brauchten Kisten und Kartons, aus denen wir uns ein Schiff bauen

wollten – wie sollten wir sonst das Mittelmeer überqueren? Wir brauchten Stühle und Decken, um Lasttiere zu machen, auf denen wir reiten konnten und die unser Gepäck trugen.
In dieser Zeit vermisste mein Vater ständig etwas: seinen Hammer, die Zange, Nägel oder die Rolle mit dem Bindfaden. Einmal behauptete er, jetzt sei sogar ein Fahrradschlauch verschwunden. Das stimmte. Den brauchten wir nämlich dringend für unseren Wasservorrat. Unser Weg führte ja durch die Wüste, und dort müssen die Reisenden bekanntlich verdursten, wenn sie nicht genug Wasser haben.
Es wurde jedes Mal eine lange Fahrt mit vielen Abenteuern. Auf dem Landweg hatten wir Kämpfe mit Räubern und wilden Tieren zu bestehen. Auf dem Meer kamen wir in Stürme, bei denen unser Schiff beinahe unterging. Einmal habe ich die Großmutter gerade noch im letzten Augenblick am Rock festgehalten, sonst wäre sie über Bord gespült worden. Aber wir kamen jedes Mal wohlbehalten in Bethlehem an. Und wie durch ein Wunder immer genau am 24. Dezember!
Auch sonst geschahen geheimnisvolle Dinge, wenn die Großmutter bei uns war. Einmal, als ich ins Bett gehen wollte, fand ich Goldstaub auf meinem Kopfkissen. Goldstaub! Woher kommt denn Goldstaub? Doch nur von einem Engelsflügel! Es musste also ein Engel über mein Bett geflogen sein.
Als ich die Großmutter danach fragte, lächelte sie, aber sie gab keine Antwort. Dann, eines Morgens, hing ein Stern an einem durchsichtigen Faden von der Decke herab. Niemand wusste, wer ihn aufgehängt hatte. Auch wie die winzige Krippe in der Nussschale zwischen meine Buntstifte geraten war, konnte keiner erklären.
Das Wunderbarste aber war Großmutters Bekanntschaft mit dem heiligen Niklaus. Sie kannte ihn wirklich. Das weiß ich genau. Ich habe selbst erlebt, wie er mit ihr sprach, damals im Stadtpark.
Ich habe schon gesagt, dass die Großmutter altmodisch war. Aber nicht nur altmodisch in ihrer Kleidung, auch sonst. Sie redete oft von den Zeiten, in denen alles knapp gewesen war, und sie fand, die Leute sollten sparsamer mit dem Geld und den Sachen umgehen. Großmutter tat das. Deshalb wollte sie auch den dürren Ast mitnehmen, der im Stadtpark auf dem Weg lag.
„Der ist noch gut für den Ofen“, sagte sie. „Heb ihn bitte auf!“
Aber ich wollte nicht. „Nein!“, sagte ich. Und als sie versuchte, den Ast selbst aufzuheben, zog ich sie fort. „Wir schleppen kein Holz nach Hause. Bei uns wird das geliefert.“
Damals wusste ich nicht, warum ich so patzig mit der Großmutter sprach. Aber jetzt glaube ich, es war wegen der Leute, die vorübergingen. Die sollten nicht denken, wir müssten unser Holz selber sammeln.

Die Großmutter zögerte. Ich merkte ihr an, dass sie nicht wusste, was sie jetzt tun sollte.

Plötzlich stand ein alter Mann vor uns. Wie hergezaubert stand er da. Groß und sehr würdig, mit einem weißen Bart und blitzenden Augen.

Der Fremde bückte sich, hob das Holz auf und reichte es der Großmutter.

„Bitte sehr, meine verehrte gnädige Frau", sagte er mit einer leichten Verbeugung. Seine Stimme klang tief und voll.

Mich durchzuckte es, als wäre ein Blitz in mich hineingefahren. Diese Stimme! Diese Augen. Dieser lange weiße Bart. Das konnte nur – das war bestimmt ... Ich wagte nicht weiterzudenken.

„Meine verehrte gnädige Frau", hatte er zur Großmutter gesagt. Er hatte sich vor ihr verbeugt, und die Großmutter hatte ihn angelächelt und ihm gedankt.

Und dann war er verschwunden. Genauso plötzlich, wie er gekommen war.

Auf dem Heimweg brachte ich kein Wort heraus. Ich stolperte über Bordsteine und Kanaldeckel, und in mir war alles durcheinander. – Jetzt hat er's gesehen, dachte ich. Jetzt weiß er, wie ich manchmal bin.

Die Großmutter ging still neben mir her. Der dürre Ast schleifte auf dem Boden. Unter der Haustür hielt ich's nicht mehr aus. Ich drückte mein Gesicht in Großmutters Mantelfalten und heulte los.

Die Großmutter ließ mich heulen. Sie tat nichts, um mich zu trösten, und ich dachte: Jetzt wird sie immer und ewig böse auf mich sein, und dieser fremde Mann im Park auch.

Aber dann merkte ich, dass sie sich zu mir herunterbeugte. Ich spürte ihren warmen Atem in meinem Haar, und ich hörte, dass sie ganz leise zu mir sprach. Was sie sagte, verstand ich nicht, weil ich noch immer heftig schluchzen musste. Ich konnte gar nicht aufhören. Da schob Großmutter mich ein wenig von sich und fragte: „Willst du ihn vielleicht hinauftragen? Er ist mir fast zu schwer."

Ich wusste natürlich sofort, dass sie den Ast meinte, und einen Augenblick hielt ich die Luft an. Dann kramte ich ein Taschentuch hervor und schnäuzte die Tränen aus der Nase.

„Gib her!", sagte ich, packte den dürren Ast und polterte damit die Treppe hinauf. Wir warfen ihn gleich in den Kachelofen, und ich hörte, wie er knackte und knisterte.

Ob er weiß, dass ich ihn hochgetragen hab?, überlegte ich. Die Großmutter nickte mir zu und lachte. Da wusste ich, dass alles wieder gut war.

5

Wunschzettel

Du brauchst:
Transparentpapier zum Abpausen,
weißes Papier, ein großes Blatt farbiges
Tonpapier (DIN A4), Tonpapierreste,
Buntstifte, eine Schere, Klebstoff,
einen schwarzen Filzstift

So geht's:
Pause zuerst den Wunschzettel mit den beiden Bildern auf das weiße Papier und schneide ihn aus. Jetzt kannst du die Motive und die Schrift ausmalen und auf die Linien deine Wünsche schreiben. Wenn du den Zettel ausgefüllt hast, klebe ihn auf das große Tonpapierblatt.

Jetzt kannst du mit der weiteren Dekoration beginnen: Auf die Tonpapierreste paust du den Weihnachtsmann, Sterne oder andere Motive aus diesem Heft. Schneide sie aus und male die inneren Linien mit dem Filzstift nach.

Klebe nun die bunten Motive auf den Wunschzettel.

Tipp:
Wenn du deinen
fertigen Wunschzettel heute
Abend zu deinem Stiefel stellst,
kann der Nikolaus ihn
heute Nacht mitnehmen.

Wunschzettel

Schlaf ein, mein Kind!

Schlaf ein, mein süßes Kind,
da draußen singt der Wind.
Er singt die ganze Welt in Ruh,
deckt sie mit weißen Betten zu.
Und bläst er ihr auch ins Gesicht,
sie rührt sich nicht und regt sich nicht,
tut auch kein Händlein strecken
aus ihren weichen Decken.

Schlaf ein, mein süßes Kind,
da draußen weht der Wind;
er rüttelt an dem Tannenbaum,
da fliegt heraus ein schöner Traum;
der fliegt durch Schnee und Nacht und Wind
geschwind, geschwind zum lieben Kind
und singt von lust'gen Dingen,
die's Christkind ihm wird bringen.

Robert Reinick

6

Der 6. Dezember

Ulrike Sauerhöfer

„Heute ist es wieder so weit!“, stöhnte Eva, „6. Dezember! Der große Auftritt unseres Herren Vater!“

„Hurra!“, schrie ihr kleiner Bruder Johannes. „Ist wirklich schon Nikolaus?“

„Na klar“, erwiderte Eva, „und das heißt: Wie jedes Jahr wird Papa so gegen fünf verschwinden, und, siehe da, genau eine Stunde später klopft der Nikolaus an die Tür! Manchmal frage ich mich, ob er nicht längst weiß, dass wir es wissen!“

„Und wenn schon“, meldete sich nun Sebastian, der Älteste, zu Wort, „erstens tut er es doch uns zu Gefallen. Und zweitens bringt er immer klasse Geschenke mit. Also, was wollt ihr eigentlich?“

Ja, was wollten sie eigentlich? Es war schon lustig: Sebastian, Eva und ihr kleiner Bruder Johannes waren 12, 10 und 7 Jahre alt. Und seit drei Jahren vermuteten sie, dass der Nikolaus, der alljährlich zu ihnen kam, kein anderer war als ihr lieber Vater!

Anfangs war es ja nur so eine Ahnung gewesen. Die Stimme, obwohl sie so angestrengt verstellt war und in tiefen Basstönen dröhnte, war ihnen irgendwie vertraut vorgekommen. Und vorletztes Jahr schließlich, da hatten sie ganz eindeutig seine Schuhe erkannt, die ausgetretenen, braunen, von denen ein Schnürsenkel schon ein bisschen ausgefranst war. Einige Tage vorher hatte sich Mutter nämlich genau darüber geärgert: „Mensch, Georg, kauf dir doch endlich mal ein Paar gescheite Schnürsenkel!“

Dann war ein Nikolaus gekommen mit dickem, weißen Bart, einem herrlichen roten Mantel, der

mit einer Kordel verschlossen war, und mit alten braunen Schuhen, von denen ein Schnürsenkel verdächtig ausgefranst herunterbaumelte. Die Kinder waren sehr, sehr misstrauisch geworden. Und warum fehlte Papa eigentlich immer, wenn der Nikolaus kam? So waren die drei ihrem Vater nach und nach auf die Schliche gekommen.

Nicht, dass ihnen der Nikolaustag danach keinen Spass mehr gemacht hätte! Nein, so war es ganz und gar nicht. Es war nur irgendwie anders und manchmal ertappten sich die Geschwister dabei, dass sie fast ein bisschen Mitleid mit ihrem Vater hatten. Er strengte sich jedes Mal so an, und er meinte es doch so gut! Die Kinder hatten beschlossen, nichts von ihrer Entdeckung zu verraten und das Spiel Jahr für Jahr mitzuspielen.

So war es auch an diesem 6. Dezember. Sebastian, Eva und Johannes saßen zusammen im Kinderzimmer und warteten. Obwohl es schon sehr kalt war, hatte es in diesem Winter noch nicht geschneit. Erwartungsvoll hatten die Kinder auch heute wieder zum Himmel geschaut. Die Wolken hingen tief und dicht, und es sollte noch kälter werden.

„Vielleicht schneit es ja heute“, murmelte Johannes.

„Jaja, Wunder geschehen“, neckte ihn Eva, „es schneit, der Nikolaus kommt, und ich bin der Kaiser von China ...“

„Sagt mal, wie spät ist es eigentlich?“, fragte Sebastian. „Es ist doch schon so dunkel.“

„Halb sechs“, antwortete Eva, „und ob ihr’s glaubt

oder nicht, vor genau einer halben Stunde hat sich Papa verdrückt!“ Alle lachten.
„Na, ihr habt ja schon die richtige Festtagsstimmung!“, rief Mutter, die gerade zu ihnen ins Zimmer kam. „Und nun runter mit euch! Es ist schon alles vorbereitet!“
Diesen Moment liebten die Kinder! Es war so herrlich, ins Wohnzimmer zu kommen, wo es nach Zimt und Sandelholz duftete, mindestens zwanzig Kerzen brannten und der große, niedrige Tisch mit Tannenzweigen und Sternen festlich geschmückt war. Alle setzten sich. Und dann schlug die Uhr endlich sechs.
„Es ist schon komisch“, flüsterte Sebastian Eva zu, „ich bin trotzdem jedes Mal ein bisschen aufgeregt.“
„Mir geht es auch so“, wisperte seine Schwester und drückte seine Hand.
Da klopfte es an die Tür. „Herein!“, riefen sie, und dann trat er ein, der Nikolaus, mit dickem, weißen Bart, weißen Augenbrauen und dem herrlichen roten Mantel, der mit einer Kordel verschlossen war. Und auch die Schuhe fehlten nicht, die alten, mit dem ausgefransten Schnürsenkel.
„Von drauß' vom Walde komm' ich her“, brummte der Nikolaus in gewohnter Manier und die Kinder grinsten sich gegenseitig fröhlich an. Sollte er doch seinen Spaß haben, sie hatten ihn schließlich auch!
Es verlief alles so, wie sie es kannten: Einzeln wurden sie vorgerufen, mussten sich ihre schlechten Taten anhören und wurden für die guten gelobt. Alle zusammen sangen sie dem Nikolaus ein Lied und jeder bekam ein kleines, mit Sorgfalt und Liebe ausgesuchtes Geschenk.
„So“, sagte der Nikolaus am Ende, „jetzt muss ich aber weiter. Es gibt ja noch mehr liebe Kinder auf der Welt!“
Auch das kannten sie. Alle begleiteten ihn zur Tür.
„Tschühüss, lieber Nikolaus!“, riefen sie, als er hinaustrat.
„Tschüss, lieber Nikolaus“, rief auch die Mutter.
„Ja, tschüss, Nikolaus, und bis zum nächsten Jahr!“, rief noch eine Stimme hinter ihnen.
Die Kinder fuhren herum! Das konnte doch nicht wahr sein! Dort in der Tür, genau neben der Mutter, stand ... ihr Vater! Und draußen, ... ja, da ging er und winkte ihnen mit seiner großen roten Hand, ... der Nikolaus!
„Und es schneit!“, schrie Johannes. „Seht doch, es schneit!“
Tatsächlich. Weiße Flocken fielen vom Himmel. Erst nur ein paar ganz kleine, dann aber wurden sie rasch dichter und dichter, sie tanzten auf und nieder und wurden größer und dicker, bis die Kinder den Nikolaus kaum noch erkennen konnten.
„Tschüss, Kinder!“, hörten sie von weitem noch seine Stimme. Dann war er fort.
„Tja, jetzt gehen wir mal ins Haus und machen es uns so richtig gemütlich“, sagte der Vater und schmunzelte. Ein bisschen spitzbübisch kam den Kindern sein Schmunzeln vor.
Still gingen sie hinein.
„Was ist los mit euch?“, fragte die Mutter. „Gefallen euch die Geschenke nicht oder ist euch eine andere Laus über die Leber gelaufen?“
„Nein, nein, alles in Ordnung, wirklich“, stammelte der kleine Johannes endlich, „es ... es ist nur, ... ich glaube, nächstes Jahr schenke ich dem Nikolaus auch mal was.“
„Ja, was denn?“, riefen alle wie aus einem Mund.
„Ein Paar neue Schnürsenkel!“, antwortete Johannes verträumt und blickte sehnsüchtig aus dem Fenster.

7

Ein Schneemann für Isabell

Hanna Hanisch

Isabell wünschte sich einen Schneemann. Du liebe Zeit! Dieser Wunsch war schwer zu erfüllen. Denn in dem Land, in dem Isabell wohnte, fiel niemals Schnee.
Trotzdem wünschte sich Isabell einen Schneemann. Es war ihr einziger Geburtstagswunsch.
Der Vater überlegte, wie er das machen sollte. Vielleicht gab es Schneemänner aus Pappe? Oder aus Watte?
Nein, das hätte Isabell gemerkt. Schneemänner müssen kalt sein. Und sie müssen eine Mohrrüben-Nase haben und einen Bratpfannen-Hut.
Da schrieb Isabells Vater eine Bestellung an das Versandhaus NÄGELI in der Schweizer Stadt Bern:

> Schickt mit Eilpost einen
> SCHNEEMANN mit Nase und Hut
> für meine Tochter Isabell.

Die Leute von der Firma NÄGELI machten sich gleich an die Arbeit.
Sie holten Schnee vom Oberland und bauten einen dicken Schneemann mit langer Mohrrüben-Nase und einem Bratpfannen-Hut. Sie steckten den Schneemann in eine Kühltruhe und schickten ihn mit dem Flugzeug zu Isabell.
Auf dem Flugplatz warteten viele Leute. Sie hatten gehört, es würde eine berühmte Person ankommen.
„Was kommt denn für einer?", fragten die Leute. „Ein Schlagersänger? Ein Fußballspieler? Oder ein Präsident?"

Sie waren sehr neugierig. Aber noch neugieriger war Isabell.
Dann hörte man das Flugzeug brummen. Es landete. Die Kühltruhe wurde aus dem Flugzeug getragen. Alle konnten es sehen:
Zwei Männer öffneten den Deckel, und ein Schneemann schaute heraus.
Sie stellten ihn auf die Beine. Sie drückten ihm die Nase fest. Sie rückten ihm den Hut zurecht. So brachten sie ihn zu Isabell: ganz frisch, ganz weiß, ganz kalt.
Isabell strahlte vor Freude. Sie gab dem Schneemann die Hand. Da merkte sie, wie kalt er war.
Die Leute staunten. „Ah!", riefen sie und „Oh!" und „Bravo!"
So etwas hatten sie noch nicht gesehen. Sie drängten sich um den Schneemann. Jeder wollte ihm die Hand geben.
Isabell war sehr stolz. Sie wollte ihn mit nach Hause nehmen und auf den Geburtstagstisch stellen. Aber vom vielen Händeschütteln und weil es in Isabells Land so warm war, wurde der Schneemann weich. Er sackte in den Knien zusammen, wurde immer kleiner. Zuletzt blieben nur die Mohrrübe und die Bratpfanne übrig und – das hätte ich beinah vergessen – die beiden Kastanien-Augen.
War Isabell jetzt traurig?
Überhaupt nicht.
Sie hatte einem echten Schneemann die Hand gegeben, und all die anderen Leute hatten es auch getan. Sie hatte gefühlt, wie kalt er war. Sie hatte gesehen, wie gut ihm

die Mohrrüben-Nase und der Bratpfannen-Hut standen.

Nun war er verschwunden. War nur noch eine Pfütze. In der Pfütze spiegelte sich die Sonne.

Na, wenn schon! Schlagersänger, Fußballspieler und Präsidenten waren schon oft angekommen.

Aber ein Schneemann noch nie.

8

Der allererste Weihnachtsbaum

Hermann Löns

Der Weihnachtsmann ging durch den Wald. Er war ärgerlich. Sein weißer Spitz, der sonst immer lustig bellend vor ihm herlief, merkte das und schlich hinter seinem Herrn mit eingezogener Rute her.

Er hatte nämlich nicht mehr die rechte Freude an seiner Tätigkeit. Es war alle Jahre dasselbe. Es war kein Schwung in der Sache. Spielzeug und Esswaren, das war auf die Dauer nichts. Die Kinder freuten sich wohl darüber, aber quieken sollten sie und jubeln und singen, so wollte er es, das taten sie aber nur selten.

Den ganzen Dezembermonat hatte der Weihnachtsmann schon darüber nachgegrübelt, was er wohl Neues erfinden könne, um einmal wieder eine rechte Weihnachtsfreude in die Kinderwelt zu bringen, eine Weihnachtsfreude, an der auch die Großen teilnehmen würden. Kostbarkeiten durften es auch nicht sein, denn er hatte soundso viel auszugeben und mehr nicht. So stapfte er denn auch durch den verschneiten Wald, bis er auf dem Kreuzweg war. Dort wollte er das Christkindchen treffen. Mit dem beriet er sich nämlich immer über die Verteilung der Gaben. Schon von weitem sah er, dass das Christkindchen da war, denn ein heller Schein war dort. Das Christkindchen hatte ein langes weißes Pelzkleidchen an und lachte über das ganze Gesicht. Denn um es herum lagen große Bündel Kleeheu und Bohnenstiegen und Espen- und Weidenzweige, und daran taten sich die hungrigen Hirsche und Rehe und Hasen gütlich. Sogar für die Sauen gab es etwas; Kastanien, Eicheln und Rüben.

Der Weihnachtsmann nahm seinen Wolkenschieber ab und bot dem Christkindchen die Tageszeit. „Na, Alterchen, wie geht's?", fragte das Christkind. „Hast wohl schlechte Laune?" Damit hakte es den Alten unter und ging mit ihm. Hinter ihnen trabte der kleine Spitz, aber er sah gar nicht mehr betrübt aus und hielt seinen Schwanz kühn in die Luft.

„Ja", sagte der Weihnachtsmann, „die ganze Sache macht mir so recht keinen Spaß mehr. Liegt es am Alter oder an sonst was, ich weiß nicht. Das mit den Pfefferkuchen und den Äpfeln und Nüssen, das ist nichts mehr. Das essen sie auf, und dann ist das Fest vorbei. Man müsste etwas Neues erfinden, etwas, das nicht zum Essen und nicht zum Spielen ist, aber wobei Alt und Jung singt und lacht und fröhlich wird."

Das Christkindchen nickte und machte ein nachdenkliches Gesicht; dann sagte es: „Da hast du Recht, Alter, mir ist das auch schon aufgefallen. Ich habe daran auch schon gedacht, aber das ist nicht so leicht."

„Das ist es ja gerade", knurrte der Weihnachtsmann, „ich bin zu alt und zu dumm dazu. Ich habe schon richtiges Kopfweh vom vielen Nachdenken, und es fällt mir doch nichts Vernünftiges ein. Wenn es so weitergeht, schläft allmählich die ganze Sache ein, und es wird ein Fest wie alle anderen, von dem die Menschen dann weiter nichts haben als Faulenzen, Essen und Trinken."

Nachdenklich gingen beide durch den weißen Winterwald, der Weihnachtsmann mit brummigem, das Christkindchen mit nachdenklichem Gesicht. Es war so still im Wald, kein Zweig rührte sich, nur wenn die Eule sich auf einen Ast setzte, fiel ein Stück Schneebehang mit halblautem Ton herab. So kamen die beiden, den Spitz hinter sich, aus dem hohen Holz auf einen alten Kahlschlag, auf dem große und kleine Tannen standen. Das sah wunderschön aus. Der Mond schien hell und klar, alle Sterne leuchteten, der Schnee sah aus wie Silber, und die Tannen standen darin, schwarz und weiß, dass es eine Pracht war. Eine fünf Fuß hohe Tanne, die allein im Vordergrund stand, sah besonders reizend aus. Sie war regelmäßig gewachsen, hatte auf jedem Zweig einen Schneestreifen, an den Zweigspitzen kleine Eiszapfen, und glitzerte und flimmerte nur so im Mondschein.

Das Christkindchen ließ den Arm des Weihnachtsmannes los, stieß den Alten an, zeigte auf die Tanne und sagte: „Ist das nicht wunderhübsch?"

„Ja", sagte der Alte, „aber was hilft mir das?"

„Gib ein paar Äpfel her", sagte das Christkindchen, „ich habe einen Gedanken."

Der Weihnachtsmann machte ein dummes Gesicht, denn er konnte es sich nicht recht vorstellen, dass das Christkind bei der Kälte Appetit auf die eiskalten Äpfel hatte. Er hatte zwar noch einen guten alten Schnaps, aber den mochte er dem Christkindchen nicht anbieten.

Er machte sein Tragband ab, stellte seine riesige Kiepe in den Schnee, kramte darin herum und langte ein paar recht schöne Äpfel heraus. Dann fasste er in die Tasche, holte sein Messer heraus, wetzte es an einem Buchenstamm und reichte es dem Christkindchen.

„Sieh, wie schlau du bist", sagte das Christkindchen. „Nun schneid mal etwas Bindfaden in zwei Finger lange Stücke, und mach mir kleine Pflöckchen."

Dem Alten kam das alles etwas ulkig vor, aber er sagte nichts und tat, was das Christkind ihm sagte. Als er die Bindfadenenden und die Pflöckchen fertig hatte, nahm das Christkind einen Apfel, steckte ein Pflöckchen hinein, band den Faden daran und hängte den an einen Ast.

„So", sagte es dann, „nun müssen auch an die anderen welche, und dabei kannst du helfen, aber vorsichtig, dass kein Schnee abfällt!"

Der Alte half, obgleich er nicht wusste, warum. Aber es machte ihm schließlich Spaß, und als die ganze Tanne voll von rotbäckigen Äpfeln hing, da trat er fünf Schritte zurück, lachte und sagte: „Kiek, wie niedlich das aussieht! Aber was hat das alles für'n Zweck?"

„Braucht denn alles gleich einen Zweck zu haben?", lachte das Christkind. „Pass auf, das wird noch schöner. Nun gib mal Nüsse her!"

Der Alte krabbelte aus seiner Kiepe Walnüsse heraus und gab sie dem Christkindchen. Das steckte in jedes ein Hölzchen, machte einen Faden daran, rieb immer eine Nuss an der goldenen Oberseite seiner Flügel, dann war die Nuss golden und die nächste an der silbernen Unterseite seiner Flügel, dann hatte es eine silberne Nuss und hängte sie zwischen die Äpfel.

„Was sagst nun, Alterchen?", fragte es dann. „Ist das nicht allerliebst?"

„Ja", sagte der, „aber ich weiß immer noch nicht ..."

„Komm schon!", lachte das Christkindchen. „Hast du Lichter?"

„Lichter nicht", meinte der Weihnachtsmann, „aber 'nen Wachsstock!"

„Das ist fein", sagte das Christkind, nahm den

Wachsstock, zerschnitt ihn und drehte erst ein Stück um den Mitteltrieb des Bäumchens und die anderen Stücke um die Zweigenden, bog sie hübsch gerade und sagte dann: „Feuerzeug hast du doch?“

„Gewiss“, sagte der Alte, holte Stein, Stahl und Schwammdose heraus, pinkte Feuer aus dem Stein, ließ den Zunder in der Schwammdose zum Glimmen kommen und steckte daran ein paar Schwefelspäne an. Die gab er dem Christkindchen. Das nahm einen hell brennenden Schwefelspan und steckte damit erst das oberste Licht an, dann das nächste davon rechts, dann das gegenüberliegende. Und rund um das Bäumchen gehend, brachte es so ein Licht nach dem andern zum Brennen.

Da stand nun das Bäumchen im Schnee; aus seinem halbverschneiten, dunklen Gezweig sahen die roten Backen der Äpfel, die Gold- und Silbernüsse blitzten und funkelten, und die gelben Wachskerzen brannten feierlich. Das Christkindchen lachte über das ganze rosige Gesicht und patschte in die Hände, der alte Weihnachtsmann sah gar nicht mehr so brummig aus, und der kleine Spitz sprang hin und her und bellte.

Als die Lichter ein wenig heruntergebrannt waren, wehte das Christkindchen mit seinen goldsilbernen Flügeln, und da gingen die Lichter aus. Es sagte dem Weihnachtsmann, er solle das Bäumchen vorsichtig absägen. Das tat der, und dann gingen beide den Berg hinab und nahmen das bunte Bäumchen mit.

Als sie in den Ort kamen, schlief schon alles. Beim kleinsten Hause machten die beiden Halt. Das Christkind machte leise die Tür auf und trat ein; der Weihnachtsmann ging hinterher. In der Stube stand ein dreibeiniger Schemel mit einer durchlochten Platte. Den stellten sie auf den Tisch und steckten den Baum hinein. Der Weihnachtsmann legte dann noch allerlei schöne Dinge, Spielzeug, Kuchen, Äpfel und Nüsse unter den Baum, und dann verließen beide das Haus so leise, wie sie es betreten hatten.

Als der Mann, dem das Häuschen gehörte, am anderen Morgen erwachte und den bunten Baum sah, da staunte er und wusste nicht, was er dazu sagen sollte. Als er aber an dem Türpfosten, den des Christkinds Flügel gestreift hatte, Gold- und Silberflimmer hängen sah, da wusste er Bescheid. Er steckte die Lichter an dem Bäumchen an und weckte Frau und Kinder. Das war eine Freude in dem kleinen Haus wie an keinem Weihnachtstag. Keines von den Kindern sah nach dem Spielzeug, nach dem Kuchen und den Äpfeln, sie sahen nur alle nach dem Lichterbaum. Sie fassten sich an den Händen, tanzten um den Baum und sangen alle Weihnachtslieder, die sie wussten, und selbst das Kleinste, das noch auf dem Arm getragen wurde, krähte, was es krähen konnte.

Als es helllichter Tag geworden war, da kamen die Freunde und Verwandten des Bergmanns, sahen sich das Bäumchen an, freuten sich darüber und gingen gleich in den Wald, um sich für ihre Kinder auch ein Weihnachtsbäumchen zu holen. Die anderen Leute, die das sahen, machten es nach, jeder holte sich einen Tannenbaum und putzte ihn an, der eine so, der andere so, aber Lichter, Äpfel und Nüsse hängten sie alle daran.

Als es dann Abend wurde, brannten im ganzen Dorf Haus bei Haus ein Weihnachtsbaum, überall hörte man Weihnachtslieder und das Jubeln und Lachen der Kinder.

Von da aus ist der Weihnachtsbaum über ganz Deutschland gewandert und von da über die ganze Erde. Weil aber der erste Weihnachtsbaum am Morgen brannte, so wird in manchen Gegenden den Kindern morgens beschert.

TRICK
9

Wie Joschi zu seinem Meerschweinchen kam

Roswitha Fröhlich

Seit er sechs Jahre alt war, wünschte sich Joschi ein Meerschweinchen. Aber jedes Mal, wenn er davon anfing, sagte seine Mutter: „Meerschweinchen stinken", oder „Meerschweinchen gehören in den Kleintierzoo", oder „Was soll das arme Tier in unserer Vierzimmerwohnung?" und lauter solche Sachen. In diesem Jahr hatte Joschi sich geschworen, dass sein Wunsch endlich in Erfüllung gehen müsse.

„Wetten, dass ich zu Weihnachten ein Meerschweinchen kriege?", sagte er zu seinem Freund Karli. „Du wirst schon sehen ..." Und dann schmiedete er einen Plan.

Endlich war es so weit. „Nur noch 24 Tage bis Weihnachten", sagte seine Mutter. „Höchste Zeit, dass du deinen Wunschzettel aufs Fensterbrett legst, damit der Weihnachtsmann ihn abholen kann."

Joschi nickte höflich, machte ein möglichst harmloses Gesicht und begann mit der Arbeit. *Lieber Weihnachtsmann*, schrieb er, *ich wünsche mir dringend ein Nilpferd*. Ordentlich legte er den Zettel draußen vors Fenster und wartete gespannt, wie es weitergehen würde.

Schon am nächsten Morgen konnte er feststellen, dass sein Plan sich bewährte.

Als er nämlich in aller Frühe das Fenster öffnete, um zu sehen, ob der Zettel abgeholt worden war, entdeckte er etwas höchst Merkwürdiges: *Du spinnst wohl!!* hatte jemand in leuchtend roten Buchstaben auf einen Briefbogen geschrieben, der groß und deutlich die Unterschrift *Der Weihnachtsmann* trug.

Gut so! dachte Joschi. Dann nahm er den Brief an sich und schrieb einen neuen Zettel. *Und wie wär's mit 1 Krokodil? Es könnte in der Badewanne schwimmen.*

Auch diesmal klappte es vorzüglich. Ein neuer Weihnachtsbrief leuchtete ihm am Morgen entgegen. *Krokodil leider nicht lieferbar*, stand darauf, diesmal in grünen Buchstaben.

Noch besser, dachte Joschi, nahm den Brief an sich und schrieb den nächsten Zettel. *1 Känguru-Pärchen* lautete sein Wunsch. *Beuteltiere führen wir nicht* hieß diesmal die Antwort.

Von nun an war alles ganz einfach. Joschi brauchte sich nur noch ein paar ungewöhnliche Tiere einfallen zu lassen, und schon lief alles wie am Schnürchen.

3 Hängebauchschweine schrieb er am nächsten Tag. *Blödsinn* hieß die Antwort. Und in diesem Stil ging es weiter. Zwölf volle Tage war er damit beschäftigt, neue Zettel zu schreiben und die Weihnachtsmann-Antwortbriefe einzusammeln. So lange dauerte es nämlich noch bis zum Heiligen Abend.

Die Reihenfolge, die Joschi sich errechnet hatte, war so:

12. Dezember: *1 Schimpanse.*

Antwort: *Und wer kauft die Bananen?*

13. Dezember: *1 Berber-Löwe.*

Antwort: *Schon mal was von menschenfressenden Raubtieren gehört?*

14. Dezember: *Dann 1 Tüpfelhyäne.*
Antwort: *Und wo soll sie schlafen?*
15. Dezember: *1 Merinoschaf.*
Antwort: *Selber Schaf!*
16. Dezember: *1 junger Pottwal.*
Antwort: *Wohl größenwahnsinnig geworden?*
17. Dezember: *1 Pythonschlange.*
Antwort: *Kriechtiere unerwünscht!*
18. Dezember: *1 Hausziege.*
Antwort: *Ziegenmilch schmeckt abscheulich!*
19. Dezember: *Erbitte dringend wenigstens 1 Bergzebra.*
Antwort: *Wo sind denn hier Berge?*
20. Dezember: *Aber 1 Dromedar würde sich bei uns bestimmt wohl fühlen.*
Antwort: *Warum nicht gleich ein Kamel?*
21. Dezember: *Einverstanden. Habe mich außerdem für 1 Giraffe entschieden.*

Am nächsten Tag endlich geschah das, was Joschi schon lange erwartet hatte. Auf dem Fensterbrett lag nämlich nicht nur die übliche kurze Antwort in roten oder grünen Buchstaben, sondern ein regelrechter Brief, hastig mit einem gewöhnlichen Tintenkuli geschrieben und fast eine halbe Seite lang:

Lieber Joschi, stand dort, *wie du auf dem Kalender siehst, ist übermorgen Weihnachten. Da du es bisher nicht geschafft hast, mir einen einzigen vernünftigen Wunsch aufzuschreiben, und da alle Tiere, die du mir genannt hast, nicht in eine Wohnung passen, ersuche ich dich hiermit, umgehend bescheidener zu werden und dich auf eine kleinere Tiergattung zu beschränken. Herzlichen Gruß. Der Weihnachtsmann.*

Joschi wusste sofort, was er zu tun hatte. Hundertmal hatte er das Wort, das er jetzt niederschrieb, in Gedanken geübt. Er nahm den saubersten Zettel, den er finden konnte, und verfasste den ordentlichsten Wunschzettel seit 22 Tagen:

Lieber Weihnachtsmann, schrieb er, *entschuldige bitte, dass ich so unbescheiden war. Ich sehe ein, dass ich zu viel von dir verlangt habe, und schwöre, mich zu bessern. Darum wünsche ich mir nur noch ein winziges Meerschweinchen. Am liebsten so eins wie das vom Karli. Also weiß mit kleinen schwarzen Tupfern. Karli sagt, dass ein Meerschweinchen überhaupt keine Arbeit macht. Außerdem finde ich es so niedlich. Vielen Dank im Voraus! Dein Joschi, Mühltalerstr. 7.*

Am nächsten Tag schlich Joschi noch früher als sonst zum Fenster, weil er es vor Spannung nicht mehr erwarten konnte. Ob der Weihnachtsmann ihm auch darauf antworten würde? Diesmal aber war das Fensterbrett leer. Nur ein paar Schneeflocken konnte er entdecken, denn draußen hatte es angefangen zu schneien.

„Nun?", fragten seine Eltern, als er zum Frühstück kam. „Freust du dich schon auf morgen?"

„Und wie!", antwortete Joschi. Mehr brachte er nicht heraus vor Aufregung.

Dann endlich war er da, der große Tag. *24. Dezember* stand auf dem Kalender über Joschis Bett. Joschi sah das Kalenderblatt eine Weile ganz genau an und dachte an sein Meerschweinchen. Ob der Weihnachtsmann endlich begriffen hatte?

Stunde um Stunde rückte der Augenblick näher, in dem sich alles entscheiden würde. Und dann war es so weit. Die Tür zum Weihnachtszimmer wurde geöffnet, und Joschi sah etwas, das schöner war als alle Christbaumkugeln und Weihnachtskerzen und Zimtsterne und Silbernüsse zusammen – nämlich ein winziges schwarz getupftes Meerschweinchen in einer Kiste unter dem Tannenbaum, das neugierig den Tannenduft schnupperte und fast so aussah wie das Meerschweinchen vom Karli.

„Hoffentlich stinkt es nicht", sagte die Mutter.

„Immer noch besser als Dromedare und Giraffen", sagte der Vater.

Aber Joschi hörte nicht, was sie sagten. Er war viel zu sehr damit beschäftigt, sein Meerschweinchen auf den Arm zu nehmen und eine Dankesrede an den Weihnachtsmann zu verfassen – in Gedanken natürlich. Dass auch ein kleiner Trick dabei gewesen war, wusste der Weihnachtsmann ja sowieso. Denn ein Weihnachtsmann weiß alles. Oder etwa nicht? „Ich nenne es *Trick*", sagte Joschi, während das Meerschweinchen leise quiekte. Fast klang es, als ob es kicherte.

10

O Tannenbaum

1. O Tannenbaum, o Tannenbaum,
   wie treu sind deine Blätter!
   Du grünst nicht nur zur Sommerzeit,
   nein, auch im Winter, wenn es schneit.
   O Tannenbaum, o Tannenbaum,
   wie treu sind deine Blätter!

2. O Tannenbaum, o Tannenbaum,
   du kannst mir sehr gefallen.
   Wie oft hat nicht zur Weihnachtszeit
   ein Baum von dir mich hocherfreut.
   O Tannenbaum, o Tannenbaum,
   du kannst mir sehr gefallen.

3. O Tannenbaum, o Tannenbaum,
dein Kleid will mich was lehren:
Die Hoffnung und Beständigkeit
gibt Trost und Kraft zu jeder Zeit.
O Tannenbaum, o Tannenbaum,
dein Kleid will mich was lehren.

Vom Christkind

Denkt euch – ich habe das Christkind gesehen!
Es kam aus dem Walde, das Mützchen voll Schnee,
mit rot gefrorenem Näschen.
Die kleinen Hände taten ihm weh;
denn es trug einen Sack, der war gar schwer,
schleppte und polterte hinter ihm her –
was drin war, möchtet ihr wissen?
Ihr Naseweise, ihr Schelmenpack –
meint ihr, er wäre offen, der Sack?
Zugebunden bis oben hin!
Doch war gewiss etwas Schönes drin:
Es roch so nach Äpfeln und Nüssen!

Anna Ritter

Schnee im Dorf

Josef Guggenmos

Wohin man schaut, lümmeln sie auf den Hecken, dick und weiß und faul, und drücken die Zweige nieder. Schneebären!
Auf den Ästen der Obstbäume liegen sie zu Aberhunderten: Schneemarder und Schneemäuse! Schneepudel! Schneepumas! Und dort gar, in der großen Astgabel, ein richtiger Schneenikolaus!
Hubers haben einen Zaun. Der gilt nicht mehr. Schnee steigt von der Straße in Hubers Garten. Und von Hubers Garten in Auerbachs Garten.
Schnee. Schnee.
Und es schneit noch immer.
Am Weg steht ein Nilpferd, bis hoch über die Ohren eingeschneit. Vielleicht stößt man auch, wenn man nachgräbt, auf ein Auto.
Ich gehe mitten auf der Straße. Heute fährt nur, wer wirklich muss. Keiner muss wirklich.
Ich tue einen spaßigen Gang. Zum Postkasten. Unterm Mantel, in der inneren Rocktasche, trage ich einen Brief nach Graz. Ich hätte auch draufschreiben können: Paradies. Oder Atlantis. Es gibt nur noch das Dorf. Und vielleicht noch die Flur drum herum. Und wenn's hochkommt, den Wald auf dem Hügel.
Ein Schneemann kommt auf mich zu. Wir bleiben stehen und reden ein paar Worte miteinander.
Heute redet jeder mit jedem.
So ein Tag ist das.

12

Eine Erzählung für Kinder

Leo Tolstoi

Ein Mädchen und ein Knabe fuhren in einer Kalesche von einem Dorf in das andere. Das Mädchen war fünf und der Knabe sechs Jahre alt. Sie waren nicht Geschwister, sondern Vetter und Base. Ihre Mütter waren Schwestern. Die Mütter waren zu Gast geblieben und hatten die Kinder mit der Kinderfrau nach Hause geschickt. Als sie durch ein Dorf kamen, brach ein Rad am Wagen, und der Kutscher sagte, sie könnten nicht weiterfahren. Das Rad müsse ausgebessert werden, und er werde es gleich besorgen. „Das trifft sich gut", sagte die Niania, die Kinderfrau. „Wir sind so lange gefahren, dass die Kinderchen hungrig geworden sind. Ich werde ihnen Brot und Milch geben, die man uns zum Glück mitgegeben hat."

Es war im Herbst, und das Wetter war kalt und regnerisch. Die Kinderfrau trat mit den Kindern in die erste Bauernhütte, an der sie vorüberkamen. Die Stube war schwarz, der Ofen ohne Rauchfang. Wenn diese Hütten im Winter geheizt werden, wird die Tür geöffnet, und der Rauch zieht so lange aus der Tür, bis der Ofen heiß ist. Die Hütte war schmutzig und alt, mit breiten Spalten im Fußboden. In einer Ecke hing ein Heiligenbild, ein Tisch mit Bänken stand davor. Ihm gegenüber befand sich ein großer Ofen.

Die Kinder sahen in der Stube zwei gleichaltrige Kinder; ein barfüßiges Mädchen, das nur mit einem schmutzigen Hemdchen bekleidet war, und einen dicken, fast nackten Knaben. Noch ein drittes Kind, ein einjähriges Mädchen, lag auf der Ofenbank und weinte ganz herzzerreißend. Die Mutter suchte es zu beruhigen, wandte sich aber von ihm ab, als die Kinderfrau eine Tasche mit blinkendem Schloss aus dem Wagen ins Zimmer brachte. Die Bauernkinder staunten das glänzende Schloss an und zeigten es einander. Die Kinderfrau nahm eine Flasche mit warmer Milch und Brot aus der Reisetasche, breitete ein sauberes Tuch auf dem Tisch aus und sagte: „So, Kinderchen, kommt, ihr seid doch wohl hungrig geworden?" Aber die Kinder folgten ihrem Ruf nicht. Sonja, das Mädchen, starrte die halbnackten Bauernkinder an und konnte den Blick nicht von ihnen abwenden. Sie hatte noch nie so schmutzige Hemdchen und so nackte Kinder gesehen und staunte sie nur so an. Petja aber, der Knabe, sah bald seine Base, bald die Bauernkinder an und

wusste nicht, ob er lachen oder sich wundern sollte. Mit besonderer Aufmerksamkeit musterte Sonja das kleine Mädchen auf der Ofenbank, das noch immer laut schrie.
„Warum schreit sie denn so?", fragte Sonja.
„Sie hat Hunger", sagte die Mutter.
„So geben Sie ihr doch etwas."
„Gern, aber ich habe nichts."
„So, jetzt kommt", sagte Niania, die inzwischen das Brot geschnitten und zurechtgelegt hatte.
Die Kinder folgten dem Ruf und traten an den Tisch. Die Kinderfrau goss ihnen Milch in kleine Gläschen ein und gab jedem ein Stück Brot. Sonja aber aß nicht und schob das Glas von sich fort. Und Petja sah sie an und tat das Gleiche.
„Ist es denn wahr?", fragte Sonja, auf die Bauersfrau zeigend.
„Was denn?", fragte die Niania.
„Dass sie keine Milch hat?"
„Wer soll das wissen? Euch geht es nichts an."
„Ich will nicht essen", sagte Sonja, ohne den Blick von dem kleinen Mädchen abzuwenden.
„Schwatz doch keinen Unsinn", sagte die Niania. „Trinkt, sonst wird die Milch kalt."
„Ich will nicht essen, ich will nicht!", rief Sonja plötzlich. „Und auch zu Hause werde ich nicht essen, wenn du ihr nichts gibst."
„Trinkt ihr zuerst, und wenn etwas übrig bleibt, so gebe ich ihr."
„Nein, ich will nichts haben, bevor du ihr nicht etwas gegeben hast. Ich trinke auf keinen Fall."
„Ich trinke auch nicht", wiederholte Petja.
„Ihr seid dumm und redet dummes Zeug", sagte die Kinderfrau. „Man kann doch nicht alle Menschen gleichmachen! Das hängt eben von Gott ab, der dem einen mehr gibt als dem anderen. Euch, eurem Vater hat Gott viel gegeben."
„Warum hat er ihnen nichts gegeben?"
„Das geht uns nichts an – wie Gott will", sagte die Niania.
Sie goss ein wenig Milch in eine Tasse und gab diese der Bauersfrau. Das Kind trank und beruhigte sich. Die beiden anderen Kinder aber beruhigten sich noch immer nicht, und Sonja wollte um keinen Preis etwas essen oder trinken. „Wie Gott will ...", wiederholte sie. „Aber warum will er es

so? Er ist ein böser Gott, ein hässlicher Gott, ich werde nie wieder zu ihm beten."

„Pfui, wie abscheulich", sagte die Niania. „Warte, ich sage es deinem Papa."

„Du kannst es ruhig sagen, ich habe es mir ganz bestimmt vorgenommen. Es darf nicht sein, es darf nicht sein."

„Was darf nicht sein?", fragte die Niania.

„Dass die einen viel haben und die anderen gar nichts."

„Vielleicht hat Gott es absichtlich so gemacht", sagte Petja.

„Nein, er ist schlecht, schlecht. Ich will weder essen noch trinken. Er ist ein schlimmer Gott! Ich liebe ihn nicht."

Plötzlich ertönte vom Ofen herab eine heisere, vom Husten unterbrochene Stimme.

„Kinderchen, Kinderchen, ihr seid liebe Kinderchen, aber ihr redet Unsinn."

Ein neuer Hustenanfall unterbrach die Worte des Sprechenden. Die Kinder starrten erschrocken zum Ofen hinauf und erblickten dort ein runzliges Gesicht und einen grauen Kopf, der sich vom Ofen herabneigte.

„Gott ist nicht böse. Kinderchen, Gott ist gut. Er hat alle Menschen lieb. Es ist nicht sein Wille, dass die einen Weißbrot essen, während die anderen nicht einmal Schwarzbrot haben. Nein, die Menschen haben es so eingerichtet. Und sie haben es darum getan, weil sie ihn vergessen haben." Der Alte bekam wieder einen Hustenanfall. „Sie haben ihn vergessen und es so eingerichtet, dass die einen im Überfluss leben und die anderen in Not und Elend vergehen. Würden die Menschen nach Gottes Willen leben, dann hätten alle, was sie nötig haben."

„Was soll man aber tun, damit alle Menschen alles Nötige haben?", fragte Sonja.

„Was man tun soll?", wisperte der Alte. „Man soll Gottes Wort befolgen. Gott befiehlt, man soll alles in zwei Teile teilen."

„Er befiehlt, man soll alles in zwei Teile teilen", wiederholte Petja. „Wenn ich einmal groß bin, werde ich das tun."

„Ich tue es auch", versicherte Sonja.

„Ich habe es eher gesagt als du!", rief Petja. „Ich werde es so machen, dass es keine Armen mehr gibt."

„Na, nun habt ihr genug Unsinn geschwatzt", sagte die Niania. „Trinkt die Milch aus."

„Wir wollen nicht, wollen nicht, wollen nicht!", riefen die Kinder einstimmig aus.

„Wenn wir erst groß sind, tun wir es unbedingt."

„Ihr seid brave Kinderchen", sagte der Alte und verzog seinen Mund zu einem breiten Lachen, dass die beiden einzigen Zähne in seinem Unterkiefer sichtbar wurden. „Ich werde es leider nicht mehr erleben. Ihr habt aber einen wackeren Entschluss gefasst. Gott helfe euch."

„Mag man mit uns machen, was man will", rief Sonja, „wir tun es doch!"

„Wir tun es doch", sagte auch Petja.

„Das ist recht, das ist recht", sprach der Alte lächelnd und hustete wieder. „Und ich werde mich dort oben über euch freuen", sprach er, nachdem der Husten vorüber war. „Seht nur zu, dass ihr's nicht vergesst."

„Nein, wir vergessen es nicht!", riefen die Kinder aus.

„Recht so, das wäre also abgemacht."

Der Kutscher kam mit der Nachricht, dass das Rad ausgebessert sei, und die Kinder verließen die Stube.

Was aber weiter sein wird, werden wir ja sehen.

13

13. Dezember

Engelkette

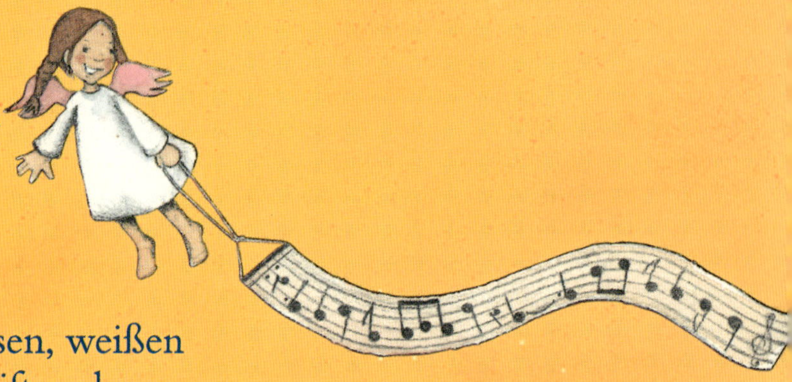

Du brauchst:
Transparentpapier zum Abpausen, weißen Tonkarton, Buntstifte, Filzstifte oder Farben und Pinsel, buntes Papier (rosa, gelb, hellblau), eine Schere, Nadel und Faden

So geht's:
Pause zunächst die Engel ab und schneide sie aus. Wenn deine Engelkette besonders lang werden soll, kannst du die Engel auch mehrmals abpausen.

Jetzt bemalst du die Engel mit den Stiften oder den Farben von beiden Seiten. Einzelne Flächen kannst du auch mit dem bunten Papier bekleben, zum Beispiel die Flügel mit rosa Papier oder die Wolken mit blauem Papier.

Steche mit der Nadel kleine Löcher vorsichtig in die Köpfe der Engel und ziehe den Faden ein. Wenn du vor und nach den Engeln einen kleinen Knoten machst, können die Engel nicht verrutschen. Achte dabei darauf, dass zwischen den Engeln immer genug Faden frei bleibt. Jetzt kannst du deine Engelkette aufhängen.

Tipp:
Du kannst die Engelkette auch als Schmuck für den Weihnachtsbaum verwenden. Eine noch längere und sehr abwechslungsreiche Kette entsteht, wenn du mit deinen Eltern, Geschwistern oder Freunden zusammen arbeitest.

Advent, Advent

Advent, Advent,
ein Lichtlein brennt.
Erst eins, dann zwei, dann drei, dann vier,
dann steht das Christkind vor der Tür.

Volksgut

14

Lisa und ihr Tannenbaum

Renate Welsh

Im Sommer hat Lisa ihn entdeckt: den schönsten Tannenbaum weit und breit. Mitten auf einer Lichtung steht er, ganz allein, hat Äste und Zweige bis zum Boden. Wenn Lisa auf den Zehenspitzen steht, kann sie seinen Wipfel anfassen. Die Nadeln an den Spitzen der Zweige sind hellgrün und weich. Lisa streichelt sie. Sie stellt sich vor den Tannenbaum und singt: „O Tannenbaum, o Tannenbaum!" Weihnachtslieder singt sie am liebsten im Sommer. „Das wird unser Christbaum", sagt sie.

Die Eltern erklären: „Man darf Bäume nicht einfach abschlagen."

„Warum?", fragt Lisa.

„Weil sie jemandem gehören", sagt der Vater.

Lisa will wissen, ob dieser Jemand die Bäume gepflanzt hat.

„Manche", sagt der Vater. „Manche hat der Wind gesät oder die Vögel ..."

„Und die verkaufen ihn nicht", sagt die Mutter.

„Aber ich will nur den", sagt Lisa.

Immer wieder geht Lisa ihren Baum besuchen. Einmal hängt ein Spinnennetz in den Zweigen, darin funkeln ein paar Regentropfen. Lisa bringt eine Glaskugel mit und hängt sie an einen Zweig. Wie schön wird der Baum erst sein mit vielen Glaskugeln, mit Lebkuchen und Schokoladenherzen, mit Kerzen und Sternspuckern!

Es wird Herbst. Das Gras auf der Lichtung ist gelb und braun. Die Birken am Waldrand haben nur noch fünf Blätter. Auf der Spitze des Tannenbaums hängt ein goldenes Birkenblatt. „Bald ist es so weit", sagt Lisa.

Der Vater holt die Glaskugeln vom Schrank. Die Mutter bastelt Strohsterne, und Lisa malt ihrem Nussschalenkind einen roten Mund. Der Vater putzt die Glaskugeln, aus der Schachtel fallen vertrocknete Tannennadeln.

Plötzlich erinnert sich Lisa an den Dreikönigstag im letzten Jahr. Sie erinnert sich, wie sie den Christbaum abgeräumt haben. Fast alle Nadeln sind heruntergefallen. Übrig blieben ein trauriger kahler Stamm und traurige kahle Äste und ein trauriges Häufchen grauer Nadeln auf dem Fußboden.

„Morgen holen wir deinen Tannenbaum!", sagt der Vater. „Ich habe mit dem Förster gesprochen."

Lisa schüttelt den Kopf. Die Mutter sieht den Vater an. Der Vater sieht die Mutter an.

„Warum denn nicht?", fragen beide.

Lisa beginnt zu weinen. Die Mutter streicht ihr über den Kopf. Der Vater hebt sie auf seinen Schoß. Lisa schluchzt in seinen Pullover hinein.

Plötzlich sagt die Mutter: „Ich habe eine Idee."

Am Weihnachtsabend kommen die Großeltern, Tante Carola und Onkel Michael.

„Nicht ausziehen", sagt Lisa.

„Warum nicht?", fragt Oma.

Lisa macht ein geheimnisvolles Gesicht. Die Mutter reicht allen Gummistiefel. Oma bekommt noch ein dickes warmes Tuch. Sie steigen ins Auto. Es ist eng im Wagen mit so vielen Menschen drin, eng und schön warm. Der Großvater will wissen, wohin sie fahren, aber die Eltern und Lisa verraten nichts.

Am Waldrand bleiben sie stehen. Nebelfetzen wirbeln an den Bäumen entlang. Lisa rutscht auf den nassen Blättern. Es ist dunkel zwischen den Bäumen.

Der Lichtstrahl von Vaters Taschenlampe zittert. Dicke Tropfen platschen auf die Nasen. Sie kommen zu der Lichtung.

Lisa läuft zu ihrem Tannenbaum. Die Mutter steckt Kerzen an die Äste. Der Vater hängt Nüsse an die mittleren Zweige. Lisa hängt Karotten an die unteren Zweige. Die Mutter hängt Meisenringe an die obersten Zweige. Sie kramt in ihrem Korb: „Wo sind die Streichhölzer?“

Der Großvater zieht sein Feuerzeug aus der Tasche. Er zündet die Kerzen an und die Sternspucker. Dann halten sich alle an den Händen und gucken den Baum an. Oma fängt an zu singen. Sie singen alle Weihnachtslieder, die sie kennen.

Plötzlich lacht Lisa. „Schaut, man sieht unsere Lieder!“

Man sieht sie wirklich. Als weiße Fahnen und weiße Kringel in der kalten Luft.

15
Werkstatt

Die Weihnachtsmann GmbH

Ursel Scheffler

Der Weihnachtsmann presst einen feuchten Waschlappen auf die Stirn, sinkt auf die Holzbank in seiner Werkstatt und stöhnt. „Oje! Das ist ja nicht auszuhalten mit dem Weihnachtsstress! So schlimm wie in diesem Jahr war es noch nie!“

Das Telefon klingelt ununterbrochen. Das Fax spuckt immer wieder neue Wunschzettel aus. Und jetzt steht der Post-Elch mit einem Waschkorb voller Briefe und Karten vor der Tür! Noch mehr Wunschzettel!

„Ich weiß gar nicht, wo ich zuerst anfangen soll! Und dabei hab ich auch endlich das bestellte Goldpapier und die Tannenbaum-Aufkleber dabei“, sagt der Post-Elch und gibt ihm den grünen Karton mit den Aufklebern und einen Stapel mit goldenen Rollen.

„Vielen Dank!“, sagt der Weihnachtsmann und bestätigt den Empfang des Goldpapiers auf einem roten Zettel.

„Nur immer mit der Ruhe!“, brummt der Elch. „Kommt Zeit, kommt Rat. Du hast es doch jedes Jahr geschafft.“

Kaum ist der Post-Elch verschwunden, da klingelt es schon wieder!

Draußen stehen der Bär und der Hase und sehen ihn erwartungsvoll an.

„Was – was wollt ihr denn heute von mir?“, fragt der Weihnachtsmann und schiebt die wirren weißen Locken aus der Stirn. Irgendwie ist ihm, als ob er den beiden etwas versprochen hätte. Aber was???

„Hast du vergessen, dass wir heut bei mir zum Tee verabredet waren?“, fragt der Bär gekränkt. „Ich hab doch heute Geburtstag!“

„Da sitzen wir und warten und warten“, sagt der Hase. „Und du kommst nicht. Als ob es nicht schon schlimm genug wäre, wenn einer im Dezember Geburtstag hat, wenn alle anderen bloß an Weihnachten denken. Der arme Bär!“

„Da hast du Recht“, sagt der Weihnachtsmann zerknirscht. „Ich erinnere mich. Du hast dir im letzten Jahr zu Weihnachten gewünscht, dass ich zu deinem Geburtstag komm!“

„Es war mein einziger Wunsch“, brummt der Bär.

„Stimmt!“, sagt der Weihnachtsmann. „Herrje! Jetzt weiß ich auch, was die rätselhaften Buchstaben auf meinem Kalender bedeuten. GMBH steht da. Das heißt: Geburtstagsfeier mit Bär und Hase. Hatte ich doch glatt vergessen. Na ja, man wird nicht jünger.“

„Aber versprochen ist versprochen!“, sagt der Hase.

„Da hast du Recht. Ihr müsst schon entschuldigen. Aber ich weiß momentan wirklich nicht, wo mir der Kopf steht. Diesmal ging es schon viel früher als im vergangenen Jahr mit dem Weihnachtsgeschäft los. Die Menschen werden immer verrückter. Sie können einfach nicht warten.“

Der Hase nickt zustimmend: „Jaja. Es gab diesmal schon Ende August überall Schokoladenweihnachtsmänner in den Geschäften!“

„Da ist es doch viel zu warm!", brummt der Bär. „Es ist lebensgefährlich für einen Schokoladenweihnachtsmann, wenn man nicht abwartet, bis seine Zeit gekommen ist."

„Du hast Recht", sagt der Hase, „er kann schmelzen. Oder es beißt ihm ein verfressenes Menschenkind kurzerhand den Kopf ab."

„Was ist jetzt?", drängelt der Bär. „Kommst du? Ich hab extra einen schönen Geburtstagskuchen gebacken. Schließlich dachte ich, dass man sich auf den Weihnachtsmann verlassen kann ..."

„Ich komm ja schon", sagt der Weihnachtsmann und wirft einen etwas hilflosen Blick auf die viele Arbeit, die in seiner Werkstatt wartet.

„Jetzt feiern wir erst mal Geburtstag!", sagt der Hase entschlossen.

„Hinterher helfen wir dir, damit du mit deiner Arbeit vorankommst."

„Da geht dann alles dreimal so schnell", verspricht der Bär.

„Vielleicht ist eine Pause gar nicht so schlecht", murmelt der Weihnachtsmann, als er die Werkstatttür hinter sich zuschließt. Unter dem Arm hat er eine Keksdose und ein Päckchen. Zehn Minuten später sitzen alle drei vergnügt beim Bären und trinken Tee. Der Weihnachtsmann stellt die Dose mit den selbst gebackenen Plätzchen auf den Tisch und ein Päckchen, das in blaues Papier mit silbernen Sternen eingepackt ist.

„Das ist eine kleine Geburtstagsüberraschung!"

„Du hast meinen Geburtstag also doch nicht vergessen", brummt der Bär zufrieden. Der Hase nickt: „Hat er nicht! Sonst hätte er ja kein Geschenk für dich!"

„Ich glaub, ich weiß, was drin ist!", sagt der Bär. „Honig, stimmt's? Im letzten Jahr war auch Honig drin!"

„Mach's doch erst mal auf! Wenn ich alles verrate, ist die Überraschung futsch!", lächelt der Weihnachtsmann geheimnisvoll.

Der Bär wiegt das Päckchen vorsichtig mit beiden Vorderpfoten und überlegt: „Es ist zu leicht für Honig!"

„Nun sieh schon nach", drängelt der Hase neugierig.

„Oh, es macht Geräusche", ruft der Bär überrascht. Ganz vorsichtig wickelt er das Päckchen aus. „Eine Spieluhr!", jubelt er. Er zieht die Spieluhr auf. Sie spielt ein ganz bekanntes Tanzbärenlied.

„Komm!", sagt der Hase und tanzt mit dem Weihnachtsmann ausgelassen um den Tisch.

„He! Halt! Werft meinen Kuchen nicht um!", ruft der Bär, als der Weihnachtsmann mit dem Hasen eine wilde Polka tanzt. Sie lachen, singen, tanzen, trinken Tee und essen Kekse und Kuchen. „Oh, war das ein toller Geburtstag!", sagt der Bär, als er schließlich erschöpft in den Sessel sinkt. „Ausruhen geht jetzt nicht!", sagt der Hase. „Wer feiert, muss auch arbeiten. Los komm. Wir müssen dem Weihnachtsmann helfen. Das haben wir versprochen."

„Eigentlich bin ich schon auf Winterschlaf eingestellt!", sagt der Bär und gähnt.
„Ihr wollt mir also wirklich helfen? Das wäre natürlich fabelhaft", sagt der Weihnachtsmann, der beim Feiern für einen Augenblick lang seinen Weihnachtsstress vergessen hatte.
„Versprochen ist versprochen!", sagt der Hase.
„Ich kann ja hinterher immer noch schlafen", brummt der Bär. „Einen ganzen Winter lang."
Und dann tappt er hinter dem Hasen und dem Weihnachtsmann zur Werkstatt. Die Spieluhr hat er unterm Arm. Und während alle drei hämmern, sägen, basteln, Päckchen packen und Briefe schreiben, lässt der Bär die Spieluhr immer wieder spielen und sagt: „Mit Musik geht alles besser."
„Mit Freunden, die helfen, geht alles besser!", sagt der Weihnachtsmann, als er am Abend die fertigen Pakete abzählt.
„Morgen kommen wir wieder", sagt der Bär.
„Versprochen ist versprochen", ruft der Hase.
Bär und Hase halten Wort. Sie helfen dem Weihnachtsmann, wo sie können. Eine ganze Woche lang. Der Bär schleppt die schweren Sachen. Der Hase tippt die allerletzten Weihnachtsbriefe und Postkarten auf dem Computer. Und er schickt noch die letzten Blitzbestellungen für Sonderwünsche ab. Endlich sind alle Wunschzettel abgehakt und alle Pakete gepackt. Gemeinsam beladen sie den großen Schlitten.
„Was nicht draufpasst, bring ich zum Weihnachtspostamt", sagt der Bär.
„Und ich werfe dort die Karten und Briefe in den Kasten!", sagt der Hase. „Warum hast du als Absender auf alle Pakete WEIHNACHTSMANN GMBH geschrieben?", will der Hase wissen.
„Das ist in diesem Jahr die Abkürzung für meine Firma", sagt der Weihnachtsmann und lacht verschmitzt. „Es heißt: ‚Geschafft mit Bär und Hase!'"

16

Ihr Kinderlein, kommet

1. Ihr Kinderlein, kommet, o kommet doch all!
   Zur Krippe her kommet in Bethlehems Stall.
   Und seht, was in dieser hochheiligen Nacht
   der Vater im Himmel für Freude uns macht.

2. O seht in der Krippe im nächtlichen Stall,
   seht hier bei des Lichtleins hellglänzendem Strahl,
   in reinlichen Windeln das himmlische Kind,
   viel schöner und holder, als Engel es sind.

3. Da liegt es, das Kindlein, auf Heu und auf Stroh,
   Maria und Joseph betrachten es froh.
   Die redlichen Hirten knie'n betend davor,
   hoch oben schwebt jubelnd der Engelein Chor.

4. O beugt wie die Hirten anbetend die Knie,
erhebet die Händchen und betet wie sie!
Stimmt freudig, ihr Kinder – wer sollt sich nicht freu'n? –
stimmt freudig zum Jubel der Engelein ein!

Advent

Es treibt der Wind im Winterwalde
die Flockenherde wie ein Hirt,
und manche Tanne ahnt, wie balde
sie fromm und lichterheilig wird;
und lauscht hinaus. Den weißen Wegen
streckt sie die Zweige hin – bereit;
und wehrt dem Wind und wächst entgegen
der einen Nacht der Herrlichkeit.

Rainer Maria Rilke

17

Der alte Mann und der Bär

Janosch

Es war einmal ein alter Mann, der wohnte nicht weit weg von unserem Dorf. Keine halbe Meile war's.

Den Sommer über sammelte er Pilze und Beeren im Wald, arbeitete für die Leute im Dorf auf dem Feld, und sie nannten ihn Gregor. Sie hielten ihn für einen Narren, denn das wenige, wenige Geld, das er für die Arbeit bekam, bewahrte er auf und ging, wenn der Winter am tiefsten war, in das Nachbardorf, es mag wohl um die Weihnachtszeit gewesen sein, denn da war immer um diese Zeit ein fremder Vogelhändler, ein Fallensteller, auf dem Markt und verkaufte Vögel an die Leute. Es gab noch kein Radio, und die Leute hielten sich die Vögel in Käfigen und ließen sie singen.

„Den da", sagte der alte Mann, „kaufe ich. Wie viel kostet er?"

„Sechs", sagte der Vogelhändler, „ohne Käfig. Ein besonders guter Sänger und fast zahm."

„Und den", sagte der alte Mann – wenn sein Geld noch reichte.

„Vierdreißig", sagte der Vogelhändler. „Aber alle Preise sind ohne Käfig."

„Käfig brauche ich nicht", sagte der alte Mann und kaufte einige Vögel, soweit sein Geld reichte. Er ließ sie von dem Vogelmann aus den Käfigen nehmen, nahm sie in die Hand und ließ sie frei. Auch der Vogelhändler hielt ihn für einen Narren, aber das war dem egal, Hauptsache, er bekam sein Geld. Und war ein Vogel schwach, kaufte der alte Mann ihn an erster Stelle, holte einen kleinen Käfig unter seiner Jacke hervor, tat den Vogel hinein und nahm ihn mit nach Haus. Er fütterte ihn den Winter über, gab ihm zu trinken, und wenn der Vogel wieder gesund war, ließ er ihn frei.

Und dies tat der alte Mann Jahr um Jahr. Etwa um die Weihnachtszeit.

Die Zeit verging, und der Mann wurde noch älter und wohl auch ein wenig schwächer. Er konnte nicht mehr viel für die Leute arbeiten, hatte im Sommer auch kaum Beeren, Pilze und Holz zum Heizen im Wald gesammelt. Und als dann die Zeit kam, dass der Vogelhändler auf dem Markt war, reichte sein Geld kaum noch für einen ganzen Vogel.

Weil der Vogelmann ihn nun aber schon kannte, gab er dem Alten einen grauen, armseligen Vogel zum halben Preis. Hänfling.

„Nutzlose Sorte", sagte der Vogelhändler, „singt nicht, nicht einmal im Sommer."

Der alte Mann verbarg den kleinen Käfig mit dem Vogel warm unter seiner Jacke und stapfte durch den Schnee davon. Aber er ging nicht nach Haus, denn dort hatte er kein Holz zum Heizen, kein Futter für den Vogel, und das Wasser im Brunnen war gefroren. Und um allein zu fliegen, war der kleine Vogel zu schwach.

„Wir gehen zum Bären", sagte der Alte, denn er kannte eine Bärenhöhle im Wald, und in Bärenhöhlen ist es warm.

Und bald gingen ein Fuchs hinter ihm her, zwei Hasen und zwei Krähen.
Der alte Mann spürte bald keine Kälte mehr in den Beinen. Auch in den Händen nicht, und es war ihm, als könnte er fliegen, ganz leicht war alles.
„Wer ist der Mensch?“, rief der Bär, denn zwischen Bären und Menschen gibt es keine sehr große Freundschaft.
„Gregor“, sagte der Fuchs, „ich kenne ihn und bürge mit meinen Pfoten.“
„Und was will er?“, fragte der Bär.
„Etwas Futter für den Vogel“, sagte der alte Mann, und er spürte, dass er in der Luft schwebte, und seine Stimme klang von weit her. „Und Wasser bitte“, sagte er, „sonst stirbt er.“
„Ist so in Ordnung“, brummte der Bär, der Vogel bekam Wasser und Futter und ward gesund.
Dem alten Mann bereiteten sie ein Lager, und dann war es ihm, als ob er schwebte. Hinauf zu den Sternen in ein großes, weißes Licht hinein. So wie von einem Engel getragen. Es war in einem anderen Winter. Wohl kälter als je zuvor. Der Schnee hatte die Höhle des Bären fast zugeweht und der Bär hatte keine Vorräte mehr. Die Bienen hatten im Sommer davor nicht genügend Honig gesammelt, die Beeren waren noch nicht reif gewesen, als der erste Schnee fiel, und das Laub reichte nicht aus für ein warmes Lager.
„Ich werde ins Dorf gehen“, sagte der Bär, „vielleicht finde ich dort etwas zu essen.“
Und er stapfte los.
Die Nacht war finster und der Schnee tief. Der Bär hatte lange nichts mehr gegessen und wurde immer schwächer. Bald konnte er die Beine nicht mehr aus dem tiefen Schnee ziehen und fiel um. Das Dorf war nicht mehr weit, aber der Bär war zu schwach.
Da kam ein kleiner Vogel, jener Hänfling war es vom Vogelmarkt, aus dem Käfig, aus der Höhle, setzte sich auf die Schulter des Bären und sagte ihm ins Ohr:
„Kannst du mich tragen, Bär? Ins Dorf, vielleicht gibt es dort etwas zu essen. Sonst müsste ich sterben.“
„Ja“, sagte der Bär und stand auf und trug den Vogel in das Dorf.
Dort war Licht in der Kirche, denn es war wohl um die Weihnachtszeit, aber der Küster ließ sie nicht hinein.
„Bären und Vogel“, sagte er, „haben hier nichts zu suchen. Alte Frauen und Kinder könnten sich ängstigen. Nein, nein. Nein, nein.“
Da legte sich der Bär neben die Kirchentür, verbarg den Vogel warm in seiner Pfote, und der Vogel sang ihm etwas ins Ohr. Als die Leute aus der Kirche nach Hause gingen, riefen die Kinder:
„Da liegt ein Bär, Mutter. Wir müssen ihn füttern, vielleicht ist er ein verwunschener Königssohn.“
Zu Weihnachten denken sie alle an Märchen.
„Ach was, Königssohn“, sagten die Eltern. „Und zum Füttern ist morgen noch Zeit.“
Aber als sie am nächsten Tag kamen,

waren der Bär und der Vogel nicht mehr da. Ein Engel hatte sie geholt. Zu den Sternen getragen.

18

Weihnachtsüberraschungen

Paul Maar

Wenn ich versuche zurückzudenken, dann gibt es nicht viele Weihnachtsabende, an die ich mich noch genau erinnern kann. Die Erinnerungen verwischen und vermischen sich mit der Zeit, weil sie sich zu sehr ähneln. Der Ablauf des Weihnachtsabends blieb immer gleich, das Einzige, was wechselte, waren die Weihnachtsgeschenke.

Ein paar Weihnachtsfeste blieben mir allerdings in Erinnerung. Das waren die besonders traurigen (während der Kriegszeit, wenn wir mit meiner weinenden Mutter etwas betreten neben dem Christbaum saßen) oder die besonders lustigen.

Aber das aufregendste Weihnachtsfest war zweifellos das, als Vater den Christbaum aus dem Fenster warf.

Die ganze Verwirrung damals kam wahrscheinlich zustande, weil sich meine große Schwester eine Weihnachtsüberraschung ausgedacht hatte, von der zwar ich etwas wusste, nicht aber der Rest der Familie. Und weil sich mein Vater gleichzeitig eine Weihnachtsüberraschung hatte einfallen lassen, von der der Rest der Familie wusste, nicht aber meine große Schwester und ich.

Unsere Weihnachtsüberraschung, also die von meiner Schwester und mir, war Joschi.

Vaters Weihnachtsüberraschung war Tante Rosi.

Joschi war ein japanischer Student, den meine Schwester in München auf der Universität kennen gelernt hatte. Während des Sommers war er drei Tage bei uns zu Besuch gewesen. Die ganze Familie hatte ihn auf Anhieb gern; obwohl es schwierig war, sich mit ihm zu unterhalten. Er sprach nämlich kaum ein Wort Deutsch. Mit meiner Schwester unterhielt er sich englisch, aber Englisch konnten meine Eltern nicht, und meine Schwester war es nach ein paar Stunden leid, alles, was sie oder Joschi sagten, zu übersetzen.

Tante Rosi war meine Großtante. Sie kam ab und zu bei uns vorbei, und ich empfing sie jedes Mal mit gemischten Gefühlen. Auf die Tante freute ich mich schon, denn sie war nett und wusste, dass eine Großtante ihrem Großneffen immer etwas mitzubringen hatte. Leider brachte sie auch immer Mucki mit. Das war ihr Hund, ein dicker, überfütterter Pudel, der Kinder nicht leiden konnte, jedes Mal knurrte, wenn ich in seine Nähe kam und mich mehr als einmal fast gebissen hätte. Sie musste Mucki überall mit hinnehmen, weil sie allein lebte und niemand sonst auf Mucki aufgepasst hätte.

Der Weihnachts-Überraschungs-Plan meiner Schwester sah so aus: Sie war am Nachmittag aus München zurückgekommen, hatte Joschi heimlich mitgebracht, und es war ihr sogar gelungen, ihn unbemerkt in mein Zimmer zu schmuggeln. Da war er vor Entdeckung sicher, denn die Eltern durften am Weihnachtsnachmittag die Kinderzimmer nicht betreten, so war es abgemacht, weil dort die Geschenke für sie versteckt waren.

Joschi sollte sich aus meinem Zimmer schleichen und vor der Tür warten, nachdem wir uns alle im Weihnachtszimmer versammelt hatten. Und wenn wir – wie jedes Jahr – anfingen, „Stille Nacht" zu singen, sollte er die Tür aufmachen und plötzlich im Weihnachtzimmer stehen.

Meine große Schwester hatte mir einen Indianer-Kopfschmuck versprochen, wenn ich niemandem etwas von dieser Überraschung erzählte. Sie wusste, dass auf meiner Wunschliste an erster Stelle stand: ein Zauberkasten und ein Indianer-Kopfschmuck aus Federn.

Was wir beide nicht wussten: Fast gleichzeitig mit Joschi war Tante Rosi mit Mucki gekommen. Wir hatten sie nicht gehört, weil wir so mit Joschi beschäftigt waren.

Der Weihnachts-Überraschungs-Plan meines

Vaters sah so aus: Er hatte Tante Rosi gleich ins Weihnachtszimmer geschmuggelt. Dort lagen schon die Geschenke für mich: eine Zauberausrüstung mit Hut, Zauberstab und rotem Umhang und eine Indianer-Federkrone, die meine Mutter selbst gemacht hatte. Kurz bevor ich ins Weihnachtszimmer kam, sollte Tante Rosi die Federkrone aufsetzen und sich hinter dem zugezogenen Fenstervorhang verstecken. Meinem Vater war klar, dass ich meine Zaubersachen gleich ausprobieren würde, vielleicht sogar ein bisschen enttäuscht darüber, dass der Indianer-Kopfschmuck den ich mir so gewünscht hatte, doch nicht auf dem Gabentisch lag. Aber nach meinem ersten Zauberspruch würde sich der Vorhang teilen und Tante Rosi erscheinen, als Indianer mit meiner Federkrone.

Endlich war es draußen dunkel geworden, meine Mutter rief nach uns, die Tür zum Weihnachtszimmer wurde geöffnet. Die Kerzen am Christbaum brannten und spiegelten sich in den versilberten Christbaumkugeln. Es roch weihnachtlich. Zu meiner Überraschung bestanden meine Eltern nicht darauf, dass erst einmal Weihnachtslieder gesungen werden müssten, wir durften uns gleich die Geschenke ansehen.

Ich entdeckte sofort die Zaubersachen und stürzte mich darauf.

„Gefallen sie dir?“, fragte meine Mutter.

„Ganz toll!“, rief ich und setzte gleich den spitzen Zauberhut auf, um zu sehen, ob er mir passte.

„Sicher willst du den Zauberstab gleich ausprobieren!“, sagte mein Vater.

„Nein, erst muss ich den Zaubermantel anziehen“, antwortete ich und versuchte, mir den Zauberumhang umzulegen. Ich kam mit dem Verschluss nicht zurecht. Mein Vater stand ungeduldig daneben.

„Ich werde gleich was verschwinden lassen“, sagte ich.

„Verschwinden lassen ist nicht gut“, sagte mein Vater. „Zauberer zaubern etwas her. Am besten etwas Großes, etwas Lebendiges. Keinen Gegenstand!“

„Vielleicht einen Elefanten?“

„Der ist zu groß, der passt ja nicht ins Zimmer! Es muss ein Mensch sein!“

„Ein Mensch? Also gut! Ein fremder Mensch?“

Ich dachte an den armen Joschi, der ja immer noch vor der Tür stand, da wir bis jetzt keine Weihnachtslieder gesungen hatten.

„Einen Japaner“, rief ich. „Ich werde einen Japaner herzaubern!“

„Japaner!“, wiederholte mein Vater ärgerlich. „Fällt dir nichts Besseres ein? Du hast doch den Lederstrumpf gelesen. Na? Jemand aus einem anderen Volk, von ganz weit her!“

„Du hast wohl etwas gegen Japaner!“, rief meine Schwester empört und wurde ganz aufgeregt.

„Nein, natürlich nicht, das weißt du doch. Aber es dauert wirklich ewig, bis er sich den Indianer herwünscht!“

„Woher soll ich denn wissen, dass es ein Indianer sein soll!“, sagte ich beleidigt und war nahe daran, in Tränen auszubrechen. Ich verstand meinen Vater nicht. Es war doch klar, dass das Ganze ein Spiel war.

Meine Mutter sagte vorwurfsvoll: „Ihr werdet doch am Heiligen Abend keinen Streit anfangen wollen!“

„Du hast Recht“, sagte meine große Schwester. „Wir sollten endlich anfangen zu singen.“

„Nein, noch nicht“, sagte mein Vater aufgebracht. „Du singst doch sonst nie gerne Weihnachtslieder. Warum denn ausgerechnet jetzt, wo sich dein Bruder einen Indianer herwünschen will!“

„Also gut“, sagte ich. „Zaubere ich einen.“
„Aber von wo soll er kommen?“, fragte mein Vater. „Schau dich mal um, am besten wäre es wie über eine Bühne.“ Dabei stellte er sich neben den Fenstervorhang.
„Nein, von der Tür“, sagte ich. Denn ich dachte an Joschi, der immer noch draußen stand.
„Nicht durch die Tür!“ Mein Vater wurde ärgerlich. „Er muss durchs Fenster kommen.“
„Nein, durch die Tür“, beharrte ich.
„Durchs Fenster!“
„Jetzt lass doch den Paul wünschen“, sagte meine Schwester mit Nachdruck. „Schließlich ist es doch sein Zauberstab.“
Ich merkte, dass mein Vater schon wieder nah dran war, aufzubrausen. Er bekam schon einen ganz roten Kopf, deswegen sagte ich schnell: „Na schön, soll der Japaner durchs Fenster kommen.“
„Der Indianer, der Indianer!“, verbesserte mein Vater.
Ich nahm meinen Zauberstab in die rechte Hand und zog einen weiten Zauberkreis über den Vorhang. Ehe ich aber dreimal „Abrakadabra“ sagen konnte, stürzte mit lautem Bellen Mucki auf mich zu und biss sich in meinem roten Zaubermantel fest. Einen Augenblick später erschien Tante Rosi im Indianerkopfschmuck zwischen den Vorhanghälften, schrie „Mucki, brav! Mucki, hierher!“, packte Mucki am Halsband und zog so stark sie nur konnte. Mucki ließ meinen Zaubermantel aus den Zähnen, Tante Rosi stolperte rückwärts gegen den Christbaum, der Baum kippte und fiel um. Im Nu fingen die Zweige an zu brennen. Tante Rosi schrie „Feuer!“ und rannte zur Tür, meine Mutter rief „Wasser! Schnell!“ und lief ihr nach. Tante Rosi erreichte die Tür als Erste, riss sie auf, schrie „Huh!“ oder „Huch!“ oder so etwas Ähnliches und blieb wie versteinert stehen. Etwas verlegen kam Joschi ins Zimmer, lächelte erst und schaute dann erschrocken auf den brennenden Christbaum. Meine Mutter sagte entgeistert: „Der Joschi!!!“, und blieb ebenfalls stehen. Nur mein Vater sagte überhaupt nichts, rannte zum Fenster, riss es auf, packte den brennenden Christbaum und warf ihn mit allen Christbaumkugeln, Strohsternen und vergoldeten Nüssen hinaus in den Schnee.
Später saßen wir dann alle um den Tisch und aßen den Weihnachtssalat aus Kartoffeln, Nüssen und Äpfeln, den es jedes Jahr gab. Joschi strahlte, meine Schwester lachte pausenlos, und mein Vater sagte: „Ich glaube, diesen Weihnachtstag werden wir nicht so schnell vergessen!“
Und damit hat er Recht gehabt. Wenn ich mal nach Japan komme, kann ich ja meine Schwester fragen, ob sie sich auch noch daran erinnert.

19

Weihnachtslichter

Du brauchst:
Transparentpapier zum Abpausen, weißen oder farbigen Tonkarton, bunte Stifte oder Goldsterne oder Goldlack, Klebstoff, eine Schere, Teelichter

So geht's:
Pause auf Tonkarton die Vorlagen mehrmals ab und schneide sie aus. Wenn du möchtest, kannst du auch andere Vorlagen aus diesem Buch verwenden.

Du kannst die Motive nun ausmalen, mit kleinen Goldsternen verzieren oder mit goldenem Lack besprühen.

Zuletzt klebst du in die Mitte ein Teelicht.

Tipp:
Mit den Weihnachtslichtern kannst du einen weihnachtlichen Tisch schmücken oder eine winterliche Fensterbank dekorieren.

Nussknacker

Nussknacker, du machst ein grimmig Gesicht –
ich aber, ich fürchte vor dir mich nicht:
Ich weiß, du meinst es gut mit mir,
drum bring ich meine Nüsse dir.
Ich weiß, du bist ein Meister im Knacken:
Du kannst mit deinen dicken Backen
gar hübsch die harten Nüsse packen
und weißt sie vortrefflich aufzuknacken.
Nussknacker, drum bitt ich dich, bitt ich dich,
hast bessere Zähn als ich, Zähn als ich.
O knacke nur, knacke nur immerzu!
Ich will dir zu Ehren
die Kerne verzehren.
O knacke nur, knack knack knack! immerzu!
Ei, welch ein braver Kerl bist du!

Heinrich Hoffmann von Fallersleben

20

Das Weihnachtswunder

Gina Ruck-Pauquèt

Seitdem Rainers Eltern geschieden waren, hatte die Mutter das rote Kleid nicht mehr getragen. Nun hielt sie es in der Hand. Rainer roch das süßliche Parfüm von damals. Der Vater hatte es nicht gemocht. Aber sie hatte es trotzdem benutzt.

„Wenn es so weiterschneit, können wir nicht mehr raus", sagte Anja. „Nicht wahr?" Sie drückte die Nase ihrer Puppe gegen das Fenster.

„Jaja", antwortete die Mutter. Sie hatte nicht hingehört. Sie hörte ihnen niemals zu.

Die Puppe hatte Anja nach dem großen Krach bekommen. Ihm hatten sie den Werkzeugkasten gekauft. Er hatte ihn unter sein Bett geschoben. Es war nicht einmal aufgefallen. Sie hatten damals schon keine Zeit gehabt, sich um Anja und ihn zu kümmern.

„Euer Vater kommt Weihnachten", sagte die Mutter jetzt. Anja machte große Augen.

Euer Vater, dachte Rainer. Es lag so viel Entfernung darin.

„Wir müssen mit dem Essen warten", hatte sie damals gesagt. „Euer Vater kommt wie immer zu spät."

Rainer hatte herausbekommen, warum der Vater zu spät kam. Es stimmte nicht, dass er länger arbeitete. Er ging im Park spazieren. Einfach so – um zu spät zu kommen. Aber der Vater wusste nicht, dass Rainer es wusste. Dann folgten Fragen, bohrend, unwillige Antworten und zuletzt Tränen. Die Mutter war eine Frau, der man Tränen übel nahm. Rainer hasste sie, wenn sie weinte. Der Vater schloss leise die Tür hinter sich.

Wenn er zurückkam, kümmerte er sich um die Schularbeiten. Rainer hatte das Gefühl, dass ihn das alles nichts mehr anginge. Aber er kümmerte sich trotzdem. Eigentlich gingen sie einander überhaupt nichts mehr an. Das war früher gewesen. – Damals hatte ihn alles traurig gestimmt. Danach war der Zorn gekommen, Zorn, der kein Ventil fand. Er entzündete sich an der Art, wie der Vater schweigend eine Augenbraue hob, wie die Mutter das Geschirr abräumte, jede Bewegung eine Spur zu hart, und daran, wie sie Anja übers Haar strichen, einander belauernd.

Dann hatten die Eltern sich scheiden lassen. Eine Weile fragte Anja noch. Aber die Mutter schien nicht richtig zuzuhören.

Nachts brannte noch lange das Licht. Rainer zog sich die Decke über den Kopf. Der Zorn war geblieben.

Später holte der Vater Anja und ihn alle vierzehn Tage mit dem Auto ab. Er ging mit ihnen in den Zoo und auf Rummelplätze.

„Er macht es sich leicht", dachte Rainer.

Er beschloss, sich nicht wohl zu fühlen, baute eine Mauer in sich auf. Wenn ihm trotzdem etwas Spaß machte, die Achterbahn vielleicht, fühlte er sich eingefangen. Er nahm es seinem Vater übel.

Jetzt zog die Mutter das rote Kleid an.

„Ich muss es enger machen", sagte sie.

Rainer ging hinaus.

Die Tage lösten einander ab. Weihnachten kam näher. Schon strahlten vor den Geschäften Lichterketten auf. Nikoläuse nickten mit bärtigen Häuptern, und die Musik von der Stillen Nacht dröhnte lautstark über die Straßen.

Wieder und wieder schneite es frisch auf den schmuddeligen Großstadtschnee. Eine sanfte Gewalt, die stärker war als die Leute hier unten.

Rainer hielt Anja an der Hand.

„Das Christkind bringt mir eine Puppenbadewanne", plapperte sie, „und Kamm und Bürste. Und der Papa kommt!"

„Ja", sagte Rainer.

Fast unmerklich hatte sich eine Veränderung in ihm vollzogen. Er begann sich zu freuen. Zwar ahnte er, dass seine Hoffnung eher ein Zurückfallen war. Sie zog ihn noch einmal in eine andere Phase seiner Kindheit, eine Phase, die er in Wirklichkeit längst durchschritten hatte. Es war nur seine Erinnerung, die den Weg dahin fand.

Etwas warnte Rainer, dieser Freude nachzugeben, aber schließlich füllte sie ihn doch völlig aus.

„Ja", sagte er, „der Papa kommt. Und ich bekomme vielleicht ein Fahrrad."

Wenn es wieder so würde, wie vor langer Zeit? Verschlossene Türen, Rascheln und Flüstern, ein Klirren, der unterdrückte Aufschrei seines Vaters, darauf als Antwort das Lachen der Mutter.

Die Erwartung und die Erfüllung – Weihnachten, prall und rund, duftend, strahlend, makellos.

Jetzt zündete Mutter abends Kerzen an. Rainer knipste die Lampe aus, so wurden die Dinge weicher. Sie saßen zu dritt um den Tisch, und manchmal lächelten sie einander zu.

„Bleibt der Papa dann hier?", fragte Anja.

„Du musst jetzt schlafen gehen", sagte die Mutter leise.

„Und die Badewanne soll blau sein!", verlangte Anja.

Rainer strich ihr übers Haar und blickte die Mutter verstohlen an. In den Nächten träumte er, dass das Wunder geschah. Wunder der Weihnacht, Neubeginn. Alle Tage waren voller Hoffnung.

Dann endlich war Heiligabend.

„Um drei", sagte die Mutter. „Er kommt um drei."

Sie trug das rote Kleid. Rainer roch, dass sie ein anderes Parfüm benutzt hatte. Aber der alte, süßliche Geruch drang trotzdem durch.

Die Mutter war nervös. Sie nahm Dinge auf und stellte sie wieder hin. Anja lauschte einem Märchen aus dem Radio, und Rainer starrte zum Fenster hinaus.

„Komm", dachte er, „komm!"
Die Mutter verschwand ins Bad. Das Märchen war zu Ende. Musik erklang, Weihnachtsmusik. Frühe, durchsichtige Dämmerung senkte sich herab.
Rainer bemerkte plötzlich, dass all seine Muskeln angespannt waren. Er blieb trotzdem unbeweglich. Wenn er durchhielt, würde alles gut werden.
Um vier wandte er sich ab. Er ging in sein Zimmer und setzte sich auf einen Stuhl.
Kurz darauf klingelte es.
„Vielleicht, wenn sie nichts sagt", dachte Rainer noch.
„So spät!", hörte er kläglich ihre Stimme.
Die Antwort verstand er nicht.
Er lief auf den Flur. Blitzschnell veränderte der Vater seinen Gesichtsausdruck. Er stemmte Rainer in die Luft und lachte.
Und Rainer spielte mit. Er sah, dass seiner Mutter Tränen in den Augen standen, aber er spielte mit. Anja kam hinzu. Für einen Augenblick schien alles in Ordnung zu sein. Dann fiel Rainers Blick auf die Reisetasche. Sein Vater wohnte nicht hier.
„Husch, in die Küche mit euch!", rief die Mutter.
Die Eltern verschwanden im Wohnzimmer. Rainer ging wieder ans Fenster. Schnee fiel. Das Auto des Vaters hatte das Kennzeichen einer fremden Stadt.
Nebenan raschelte es, und es flüsterte. Aber dann klang das Flüstern ärgerlich. Das war der Augenblick, wo Rainer wusste, dass sein pralles, rundes Weihnachten einen Sprung für immer hatte.
Er dachte, dass er sie hasste – alle beide, weil sie ihm das Fest verdorben hatten. Er stellte das Radio an, damit Anja nichts bemerkte.
Wenig später öffneten sie die Tür. Sie lächelten ihnen zu, und der Baum stand strahlend und wie damals. Aber das Wunder geschah nicht. Trotz der blauen Badewanne und des Fahrrades geschah es nicht.
Anja schrie vor Freude, und Rainer sah, dass sich die Eltern flüchtig umarmten. Es wirkte verlegen und ängstlich, und nachher blickten sie aneinander vorbei.
Mit einem Mal hörte Rainer auf, sie zu hassen. Er bemerkte ihre Unsicherheit, und dass sie schwach waren und guten Willens. Und er verstand, dass das Bemühen zählte – das Bemühen der Menschen umeinander.
Ihm war, als sei er plötzlich ein Stück gewachsen. Aber als er im Schlafzimmer in den Spiegel schaute, sah er aus wie immer.
„Trotzdem", dachte er.
Und er ging zurück ins Weihnachtszimmer, wo das Essen aufgetragen war. Er fühlte sich gut. Es war ganz leicht, nett zu den Eltern zu sein. Und während die Spannung in ihm selbst nachließ, schienen auch die anderen gelöster.
Der Vater würde wieder abreisen, morgen vielleicht. Und doch war etwas Wunderbares geschehen, wenn auch nicht das Kinderwunder, das Rainer erwartet hatte.
Er hatte begriffen, dass man die Dinge verändern kann. Man muss nur selbst damit beginnen.
„Weihnachten ist ein Anfang", dachte Rainer.
Aber es hätte auch an jedem anderen Tag geschehen können.

21

Engelskristalle

Dagmar Hoßfeld

Es war der Abend vor Heiligabend. Überall im Haus roch es nach Weihnachten, nach Lebkuchen und Plätzchen, nach Tannengrün und Mandarinen. Auf den Fensterbänken standen selbst gebastelte Weihnachtszwerge mit langen weißen Wattebärten und roten Zipfelmützen, an den Fenstern hingen große Sterne aus Stroh.

Kai sollte auf die Zwillinge aufpassen, weil die Eltern noch ein paar Besorgungen machen und anschließend Tante Ursel und Onkel Siggi vom Bahnhof abholen wollten. Kai war schon richtig groß, fast zwölf. Die Zwillinge, das waren Kais kleine Schwestern Paulina und Marie, wobei die Betonung auf „klein" lag. Paulina und Marie waren nämlich erst fünf.

Eine von Paulinas und Maries Lieblingsbeschäftigungen war das Zanken. Sogar am Abend vor Heiligabend!

„Wir spielen jetzt Barbie!", hörte Kai Maries helle Stimme durch die geschlossene Tür des Kinderzimmers.

„Pah, Barbie ist saublöd!", ertönte prompt Paulinas dunklere Stimme. „Heute spielen wir Teddy im Krankenhaus. Teddy hat einen Unfall und bricht sich das Bein und muss ins Krankenhaus. Barbie kann von mir aus Krankenschwester sein. Ich bin der Arzt."

„Ich bin der Arzt!", blökte Marie postwendend zurück.

„Ha!", machte Paulina. „Du kannst ja gar kein Arzt sein, du bist ein Mädchen!"

„Du doch auch!"

„Na und? Ich kann sein, was ich will!"

„Ich erst recht!"

Kai stand vor der Tür und raufte sich die Haare. Er hatte keine große Lust, das Kinderzimmer zu betreten, um die beiden Streithennen zu trennen. Aber er hatte

den Eltern nun mal versprochen, auf die Zwillinge aufzupassen. Und was Kai versprach, das hielt er auch, das war doch Ehrensache! Sein Vater hatte gesagt, er solle „jeden Ansatz von Streit schon im Keim ersticken", was immer das heißen sollte.
Kai straffte die Schultern und seufzte zweimal, dann pflanzte er sein bestes „Ich-bin-der-große-strenge-Bruder"-Gesicht auf und öffnete die Tür.
„Wusch!", machte es, als eine Barbie in Krankenschwesterntracht haarscharf an seinem linken Ohr vorbeisauste und krachend in einer Spielzeugkiste landete.
„Ihr seid ja wohl –", setzte Kai an, als von der anderen Seite ein Teddy angeflogen kam und zur Landung in seinem Nacken ansetzte.
„Uups", machte Marie.
Paulina kicherte nur und hielt sich die Hand vor den Mund.
Kai schüttelte den Teddy ab und starrte zuerst seine Schwestern und dann das Chaos im Kinderzimmer an. „Wie es hier aussieht", schimpfte er. „Wie im Schweinestall!"
Paulina kicherte weiter.
Marie sagte: „Du hörst dich an wie Papa."
„Ähm", brummte Kai und noch einmal: „Ähm ...", weil ihm so schnell nichts Besseres einfiel.
„Spielst du mit uns Teddy im Krankenhaus?", fragte Marie.
Paulina hörte auf zu kichern. „Au ja! Du darfst auch der Arzt sein. Du bist schließlich ein Junge", setzte sie, mit einem Seitenblick auf ihre Schwester, triumphierend hinzu.
Marie stand auf und stemmte beide Hände in die Hüften. „Ich hab doch gesagt, dass ich der Arzt bin!", rief sie. „Kai kann von mir aus der Vater vom Teddy sein."
„Ich will aber nicht der Vater von eurem bescheuerten Teddy sein", sagte Kai. „Ich will gleich Computer spielen, und dazu brauche ich meine Ruhe, kapiert? Also, schafft ein bisschen Ordnung, hört auf zu streiten und seid gefälligst leise. Ihr macht ja die Engelskristalle wild!" *Die Engelskristalle*? Kai runzelte die Stirn. Hatte *er* das gesagt? Wie kam er denn da drauf?
Er wollte schon die Tür schließen und zog den Kopf zurück, als Marie mit großen Augen fragte: „Was sind Engelskristalle?"
„Hast du schon mal welche gesehen?", wollte Paulina wissen. Sie machte ein ganz ehrfürchtiges Gesicht. „In echt?"
„Tja, also ..." In Kais Gehirn arbeitete es wie verrückt. Er überlegte kurz, dann tippte er sich mit dem Finger an die Stirn und meinte ganz locker: „Logisch hab ich schon mal welche gesehen. Die Engel kleben sie an die Fensterscheiben von Kinderzimmern, um zu sehen, ob die Kinder auch brav sind. Engelskristalle sind so eine Art Mini-Kameras. Durch sie können die Engel alles sehen und dann dem Weihnachtsmann berichten."
„Sie können alles sehen?", fragte Marie. „Wirklich alles?"

„Und hören sie auch alles?" Paulina bekam vor Aufregung rote Bäckchen.
Kai verschränkte die Arme vor der Brust. „Klar, jedes Wort", sagte er wichtig. „Wenn Engelskristalle am Fenster kleben, steht ihr unter ständiger Beobachtung. Der Weihnachtsmann erfährt alles. Auch was gesprochen wird", setzte er hinzu. Als er die erschrockenen Gesichter der Mädchen sah, bekam er fast ein schlechtes Gewissen. Er wollte gerade sagen, dass alles doch nur ein dummer Scherz gewesen sei, da deutete Marie mit ausgestrecktem Zeigefinger auf das Fenster.
„D-da ist einer", sagte sie leise. „Ein Engelskristall. An unserem Fenster."
Paulina und Kai folgten ihrem Blick.
„Au Backe!", sagte Paulina.
Kai blieb der Mund offen stehen. Draußen war es schon fast dunkel. Nur die Straßenlaterne erleuchtete den Garten vor dem Kinderzimmerfenster und ließ ein trübes Licht hinein. Am Fenster, das wie ein schwarzes Viereck aussah, glitzerte etwas. Etwas Kleines, Feines ... Kai hielt die Luft an.
„Wow", sagte er nach einer Weile. „Das ist ja ..."
„Ein Engelskristall", sagten die Zwillinge im Chor.
„Um zu sehen, ob wir auch lieb sind", wisperte Marie. Ohne einen Blick von dem Kristall zu wenden, stand sie auf und sammelte die verunglückte Barbie und den Teddy ein, der noch immer vor Kais Füßen lag.
„Da sollten wir wohl besser brav sein, was?" Paulina strich vorsichtshalber ihren Pullover glatt und setzte sich kerzengerade hin. Man konnte schließlich nicht wissen, worauf so ein Engelskristall Wert legte.
Als die Eltern und Tante Ursel und Onkel Siggi endlich nach Hause kamen, wunderten sie sich, wie still es im Haus war.
„Wahrscheinlich hocken sie wieder vorm Fernseher", knurrte der Vater und sah gleich nach. Aber im Wohnzimmer war alles ruhig, der Fernseher war aus.
Da öffnete die Mutter die Tür zum Kinderzimmer. Sie konnte kaum glauben, was sie sah, und holte schnell den Vater und Tante Ursel und Onkel Siggi.
Paulina, Marie und Kai saßen auf dem Fußboden. Paulinas Teddy lag zwischen ihnen. Er trug einen dicken Kopfverband und am linken Bein eine weiße Socke, die aussah wie ein Gipsbein. Maries Barbie brachte ihm gerade etwas zu trinken. Kai hielt ein Fieberthermometer in der Hand. Auf dem Kopf trug er das Krankenschwesternhäubchen aus dem Arztkoffer der Zwillinge. Und am Fenster, angestrahlt von einem einzelnen Abendstern, funkelte ein kleiner Eiskristall.
„Seht nur", flüsterte die Mutter. „Ist das nicht wunderschön?"
„Ja, schön", seufzte der Vater. „Und unheimlich friedlich."

22

Stille Nacht, Heilige Nacht

1. Stille Nacht, Heilige Nacht!
   Alles schläft, einsam wacht
   nur das traute, hochheilige Paar.
   Holder Knabe im lockigen Haar,
   schlaf in himmlischer Ruh,
   schlaf in himmlischer Ruh!

2. Stille Nacht, Heilige Nacht!
   Hirten erst kundgemacht
   durch der Engel Halleluja,
   tönt es laut von fern und nah:
   Christ, der Retter ist da,
   Christ, der Retter ist da.

3. Stille Nacht, Heilige Nacht!
Gottes Sohn, o wie lacht
Lieb aus deinem göttlichen Mund,
da uns schlägt die rettende Stund,
Christ, in deiner Geburt,
Christ, in deiner Geburt.

Das Weihnachtsbäumlein

Es war einmal ein Tännlein
mit braunen Kuchenherzlein
und Glitzergold und Äpflein fein
und vielen bunten Kerzlein:
Das war am Weihnachtsfest so grün,
als fing es eben an zu blühn.

Christian Morgenstern

23

Aufstell-Weihnachtsbaum

Du brauchst:
Transparentpapier zum Abpausen,
weißen Tonkarton,
Buntstifte, eine Schere, Klebstoff

So geht's:
Pause zuerst die Vorlage mit allen Einzelheiten auf weißen Tonkarton. Lass dir dafür ruhig etwas Zeit. Male jetzt Baum und Weihnachtsschmuck in schönen bunten Farben aus.

Forme einen Kegel aus dem bunten Baum. Klebe den Karton mit der Klebefläche an die Innenfläche der anderen Seite, so dass ein Baum entsteht.

Tipp 1:
Du kannst den Baum auch ohne den Schmuck abpausen und ausschneiden. Dann kannst du selbst entscheiden, wie du deinen Aufstell-Weihnachtsbaum schmücken möchtest.

Tipp 2:
Für eine weihnachtliche Tischdekoration kannst du mehrere Aufstellbäumchen basteln. Verteile dann eine Lichterkette auf dem Tisch und stelle die Bäumchen dazu.

Weihnachten

Markt und Straßen stehn verlassen,
still erleuchtet jedes Haus,
sinnend geh ich durch die Gassen,
alles sieht so festlich aus.

An den Fenstern haben Frauen
buntes Spielzeug fromm geschmückt.
Tausend Kindlein stehn und schauen,
sind so wunderstill beglückt.

Und ich wandre aus den Mauern
bis hinaus ins freie Feld,
hehres Glänzen, heilges Schauern!
Wie so weit und still die Welt!

Sterne hoch die Kreise schlingen,
aus des Schnees Einsamkeit
steigts wie wunderbares Singen –
O du gnadenreiche Zeit!

Joseph von Eichendorff

24

Die Weihnachtsgeschichte

Bearbeitet von Ulrike Sauerhöfer

In jener Zeit lebte in der kleinen Stadt Nazareth ein junger Mann mit Namen Josef. Er war verlobt mit Maria. Eines Tages geschah etwas Sonderbares: Ein Engel kam zu Maria und sprach: „Gegrüßet seist du, Maria. Der Herr ist mit dir." Maria erschrak, doch der Engel sagte: „Fürchte dich nicht! Der Herr hat dich ausgewählt. Du wirst einen Sohn bekommen und sollst ihn Jesus nennen! Er wird König werden und sein Königreich wird niemals enden!"

Maria war verwirrt und fragte: „Warum gerade ich? Ich bin doch nichts Besonderes." Da erwiderte der Engel: „Gottes Geist wird über dich kommen. Darum wird dein Sohn der Sohn Gottes sein." Da verstand Maria.

Wenig später befahl Kaiser Augustus, dass alle Menschen gezählt werden sollten. Auch Maria und Josef mussten nach Bethlehem aufbrechen, um sich eintragen zu lassen. Maria war inzwischen hochschwanger, deshalb wurde die Reise sehr beschwerlich. Als sie in Bethlehem ankamen, fanden sie keine Herberge, denn die ganze Stadt war überfüllt. Überall suchten und fragten sie, doch keiner hatte Platz.

Schließlich entdeckten sie einen leeren Stall, in dem war nur Stroh, und eine kleine Futterkrippe stand in einer Ecke. Und dort, in jenem Stall, bekam Maria ihr Kind. Sie wickelte es in saubere Windeln und legte es in die Krippe.

Jesus, der Sohn Gottes, war geboren.

In derselben Gegend waren Hirten auf den Feldern und hielten Nachtwache bei ihren Schafen. Da trat ein Engel zu ihnen und sagte: „Fürchtet euch nicht! Denn seht, ich verkünde euch eine große Freude! Heute wurde in einem Stall der Messias geboren. Und das soll euch zum Zeichen sein: Ihr werdet ein Kind finden in Windeln gewickelt und in einer Krippe liegend."

Und während er noch sprach, erschienen mehr und mehr Engel, eine riesige Schar, die sangen voller Jubel: „Ehre sei Gott in der Höhe und auf Erden Friede den Menschen seiner Liebe und Gnade!"

Als sie das hörten, brachen die Hirten eilig auf, um das Kind zu suchen. Sie ließen ihre Schafe zurück und liefen so schnell sie konnten nach Bethlehem. Dort fanden sie Maria und Josef mit dem Kind. Sie erzählten ihnen, was der Engel über Jesus gesagt hatte. Maria hörte gut zu und bewahrte alles in ihrem Herzen.

Die Hirten aber kehrten zurück und lobten und priesen Gott für alles, was sie gehört und gesehen hatten.

Quellenverzeichnis

Margret Rettich, **Die Geschichte vom Weihnachtsbraten**
aus: Wirklich wahre Weihnachtsgeschichten
© 1976 bei Annette Betz Verlag im Verlag Carl Ueberreuter, Wien; München

Sybil Gräfin Schönfeldt, **Der Bäckerengel**
© bei der Autorin

Tilde Michels, **Als die Großmutter mit dem Nikolaus sprach**
© bei der Autorin

Ulrike Sauerhöfer, **Der 6. Dezember**
© bei der Autorin

Hanna Hanisch, **Ein Schneemann für Isabell**
aus: Hanna Hanisch, Kopfkissen-Geschichten
© 1981 by Rowohlt Taschenbuch Verlag GmbH, Reinbek bei Hamburg

Roswitha Fröhlich, **Wie Joschi zu seinem Meerschweinchen kam**
© bei der Autorin

Josef Guggenmos, **Schnee im Dorf**
aus: Oh, Verzeihung, sagte die Ameise
© 1990 Beltz & Gelberg in der Verlagsgruppe Beltz, Weinheim & Basel

Renate Welsh, **Lisa und ihr Tannenbaum**
© bei der Autorin

Ursel Scheffler, **Die Weihnachtsmann GmbH**
© bei der Autorin

Janosch, **Der alte Mann und der Bär**
© 2006 Janosch film & medien AG, Berlin

Paul Maar, **Weihnachtsüberraschungen**
© beim Autor

Gina Ruck-Pauquèt, **Das Weihnachtswunder**
© bei der Autorin

Dagmar Hoßfeld, **Engelskristalle**
© bei der Autorin

Ulrike Sauerhöfer (Bearbeitung), **Die Weihnachtsgeschichte**
© bei der Autorin

Leider konnten nicht alle Rechteinhaber ermittelt werden. Soweit Autoren-, Übersetzer- oder Verlagsrechte berührt werden, bittet der Verlag um Benachrichtigung zur nachträglichen Abdruckregelung.